DO MANDATO DE CRÉDITO

HUGO RAMOS ALVES
Advogado

DO MANDATO DE CRÉDITO

ALMEDINA

DO MANDATO DE CRÉDITO

AUTOR
HUGO ANDRÉ RAMOS ALVES

EDITOR
EDIÇÕES ALMEDINA, SA
Avenida Fernão de Magalhães, n.º 584, 5.º Andar
3000-174 Coimbra
Tel.: 239 851 904
Fax: 239 851 901
www.almedina.net
editora@almedina.net

PRÉ-IMPRESSÃO • IMPRESSÃO • ACABAMENTO
G.C. – GRÁFICA DE COIMBRA, LDA.
Palheira – Assafarge
3001-453 Coimbra
producao@graficadecoimbra.pt

Março, 2007

DEPÓSITO LEGAL
256621/07

Relatório apresentado no âmbito do Seminário de Direito Civil IV – Garantias das Obrigações, do Curso de Mestrado em Direito, área de Ciências Jurídicas, sob a Regência do Senhor Professor Doutor Luís Menezes Leitão

[illegible]
[illegible]
[illegible] do Curso de Mestrado em Direito [illegible]
[illegible]
[illegible]

Aos meus pais,
exemplo constante de inspiração e coragem

NOTA PRÉVIA

O estudo que ora se dá a conhecer a um público mais vasto corresponde, com ligeiras alterações, ao relatório elaborado durante a frequência da fase escolar do Curso de Mestrado em Ciências Jurídicas, no ano lectivo de 2005-2006, no seminário de Direito Civil IV – Garantias das Obrigações, sob a regência do Senhor Professor Doutor Luís Menezes Leitão.

Pelos conselhos dados aquando da apresentação oral – críticas e sugestões de forma e de substância que em muito contribuíram para o resultado final que ora se dá a conhecer – e pela disponibilidade demonstrada para discutir algumas questões relativas a este estudo, gostaria de deixar consignado um profundo agradecimento ao Senhor Professor Luís Menezes Leitão.

Igual agradecimento vale, também, para o Senhor Professor Doutor Januário da Costa Gomes, pelo precioso auxílio bibliográfico e pela disponibilidade constante para debater alguns dos pontos deste estudo que mais dúvidas me colocaram.

Dos inúmeros defeitos que certamente tem, a presente publicação, para além de ser o resultado do isolamento próprio de quem se dedica ao estudo e à escrita, terá como mérito o facto de ser o produto da amizade e estima de todos aqueles que me incentivaram, criticaram e encorajaram nos momentos em que a dúvida e a incerteza tomaram conta de mim.

A publicação do presente estudo justifica-se, principalmente, não tanto pelos seus méritos, mas pelo facto de a área da Garantia das Obrigações não ser alvo, entre nós, de estudo aprofundado. Assim, pretende o autor dar um modesto contributo para o fomento da discussão e do desenvolvimento desta área da Ciência do Direito que tanto carece de estudos monográficos capazes de fazer evoluir os seus quadros dogmáticos.

Finalmente, e à guisa de advertência, cumpre salientar que o presente estudo apenas tem em conta a bibliografia consultada até ao dia 15 de Setembro de 2006, data em que foi entregue na Faculdade de Direito da Universidade de Lisboa.

MODO DE CITAR
E LISTA DE ABREVIATURAS UTILIZADAS

Apenas na primeira referência bibliográfica a citação se fará através da identificação de todos os elementos necessários à correcta identificação da obra. Nas referências posteriores, a citação será feita apenas pela indicação do autor e pela identificação do título da obra e através da designação "cit.". No caso de serem citadas várias obras do mesmo autor, a citação será feita pela indicação do autor e do título de forma abreviada.

As publicações periódicas serão referidas através da utilização de siglas, seguidas da indicação da numeração da publicação, do mês, do ano e da página.

Os preceitos legais em que não seja indicada a fonte, pertencem ao Código Civil Português actualmente em vigor.

Em seguida indicam-se as abreviaturas mais utilizadas:

AAVV – Autores Vários
art. – artigo
arts. – artigos
BancBT – *Banca, Borsa e Titoli di Credito*
BGB – *Bürgerliches Gesetzbuch* (Alemanha)
BIDR – *Bullettino dell'Istituto di Diritto Romano*
BMJ – Boletim do Ministério da Justiça
CC – Código Civil
CCIt. – *Codice Civile* (Itália)
cfr. – conferir
cit. – citado
CO – *Code des Obligations* (Suiça)
D. – *Digesto*
DIGESTO – *Digesto delle Discipline Privatistiche – Sezione Civile*
ed. – edição

ED – *Enciclopedia del Diritto*
FS – *Festschrift*
HGB – *Handelsgezetzbuch*
i.e. – *id est*
MÜNCHENER – *Münchener Kommentar zum Bürgerlichen Gesetzbuch*
n. – nota
n.º – número
NJW – *Neue Juristische Wochenschrift*
Nm – número de margem
NssDI – *Novissimo Digesto Italiano*
OLG – *Oberlandsgericht*
p. – página
pp. – páginas
p. ex. – por exemplo
reimp. – reimpressão
RDP – *Revista de Derecho Privado*
ROA – Revista da Ordem dos Advogados
segs. – seguintes
STAUDINGER – *J. Von Staudingers Kommentar zum Bürgerlichen Gesetzbuch mit Einführungsgesetz und Nebengesetzen*
trad. – tradução
vol. – volume

§ 1. Introdução

1. Tema

A figura do mandato de crédito encontra os seus antecedentes no Direito Romano, sendo o produto de uma longa evolução histórica que, entre nós, está consagrada legalmente no seio da regulamentação relativa às garantias das obrigações, *maxime* no art. 629.º.

Mau grado esta vetustez, é de crer que este instituto não está superado pelo progresso económico-jurídico que pauta a vida moderna, progresso esse que se traduz na colocação à disposição das partes de instrumentos técnico-jurídicos cada vez mais sofisticados. Pelo contrário, o mandato de crédito irrompe como um esquema contratual insubstituível, em virtude de revelar a virtualidade de satisfazer a exigência da *praxis,* sobretudo se se tiver em conta o vertiginoso aumento do tráfego nacional, bem como a inerente internacionalidade e a complexificação das operações económicas de venda, a par do financiamento da venda e da produção[1].

Com efeito, estamos perante uma figura de utilização relativamente frequente no meio comercial, mormente no âmbito das relações bancárias. Na verdade, não raras vezes topamos com a intervenção de um sujeito – por via de regra, uma sociedade comercial – junto de outro – uma ins-

[1] Simonetto, *Mandato di credito (voce)* in NssDI, tomo X, Turim: Unione Tipografico-Editrice Torinese, 1964 pp. 149-168 (p. 149, 2.ª coluna). Como exemplo desta insusbituibilidade, o autor chama a atenção para o facto de algumas operações contratuais de criação recente serem criadas para aderir às modernas necessidades do crédito, como é o caso da abertura de crédito, acostarem-se de modo mais ou menos fiel ao seu esquema de funcionamento. Em sentido contrário Habersack, *Anotação ao § 778 BGB* in *Münchener,* 3.º ed., Munique: C.H. Beck'sche Verlagsbuchhandlung, 1997, Band 5, pp. 958-961, Nm. 1, considera que estamos perante uma figura com relevância prática diminuta, referindo que as instituições de crédito, tendencialmente, preferirão celebrar um contrato de fiança, em vez de recorrerem ao mandato de crédito.

tituição de crédito, na maioria dos casos – com o fito de que este conceda um crédito a um terceiro indicado por aquele.

Tendo em consideração argumentos de cariz estatístico, o *id quod plerumque accidit*, alguns sectores doutrinários tendem a enquadrar o mandato de crédito numa categoria mais ampla: a obrigação de contratar ou, concretizando um pouco mais, afirmando que estamos perante um contrato preliminar de um contrato de crédito[2]. Na verdade, não são raras tomadas de posição considerando que o mandato de crédito, a par da fiança bancária, visa permitir o acesso ao crédito e, partindo do pressuposto que o mandante tem um interesse próprio na operação, entende-se que, na sua configuração típica, se trata de um contrato de garantia caracterizado pelo escopo de financiamento[3]. Ou seja, estamos perante uma operação em que avulta o elemento da concessão de crédito a um terceiro.

Em qualquer caso, o intérprete não pode furtar-se a ter em consideração a sede legal do mandato de crédito e o regime plasmado no CC. Perante estes elementos, poder-se-á ser tentado, numa primeira leitura, a considerar que esta figura não oferecerá dificuldades de maior[4]. Todavia, uma análise mais detida do preceito legal em causa parece desfazer essa aparente simplicidade, conforme teremos oportunidade de demonstrar ao longo do presente trabalho.

O estudo do mandato de crédito apresenta a complexidade e o interesse acrescido de procurar traçar rigorosamente quais as relações que ligam três sujeitos em posições jurídicas diferenciadas. Neste particular, julgamos não ser despicienda a observação de BORTOLUCCI, quando

---

[2] ABBADESSA, *Obligo di far credito (voce)* in ED, tomo XXIX, Milão: Giuffrè, 1980, pp. 529-538 (p. 534, 1.ª coluna).

[3] GIUSTI, *La fideiussione e il mandato di credito,* Milão: Giuffrè Editore, 1998, 296. Efectivamente, o mais das vezes, o mandato de crédito será um contrato preparatório e instrumental de uma operação de financiamento a um terceiro. SIMONETTO, *Il mandato di credito,* cit., p. 149, 2.ª coluna, não negando este carácter instrumental, prefere salientar a equivalência económica entre conceder crédito e garantir.

[4] Assim LWOWSKI/MERKEL, *Kreditsicherheiten – Gründzuge für die Praxis,* 8.ª ed., Berlin: Erich Schmidt Verlag, 2003, pp. 41 que, referindo-se ao mandato de crédito, afirmam que a sua definição não levanta problemas especiais. Todavia, não escondem os autores a dificuldade de, perante um caso concreto (*"Einzelfall"*), descortinar se estamos perante uma fiança ou perante um mandato de crédito [*"(...)Der Kreditauftrag ist in seiner Einordnung unproblematisch (...) Schwierig ist dagegen die Frage, ob im Einzelfall Bürgschaft oder Kreditauftrag vorliegt."*]

afirmava que, apesar de a investigação histórica e a dogmática jurídica terem dedicado a sua atenção, por variadas vezes, ao estudo do mandato de crédito, a discussão acerca da sua natureza jurídica, bem como a posição que este haveria de ocupar nos vários sistemas jurídicos, estaria longe de chegar ao fim[5].

Neste momento, curaremos, apenas, de levar a cabo uma breve descrição do mandato de crédito, que consiste em alguém encarregar outrem a conceder crédito a terceiro, em nome e por conta própria, devendo o autor do encargo responder como fiador se houver lugar à aceitação do encargo. Temos, pois, que, *prima facie,* a aceitação do encargo conduz à responsabilização do autor do encargo como fiador.

Paralelamente, ao autor do encargo é atribuída a faculdade de revogar o mandato enquanto o crédito não for concedido, podendo, também, denunciá-lo a partir do momento em que crédito já tenha sido disponibilizado ao encarregado. Ao encarregado, por seu turno, será lícito recusar o cumprimento do encargo sempre que a situação patrimonial dos outros contraentes ponha em risco o seu futuro direito.

Resulta do ora exposto que o centro lógico e económico deste negócio, *rectius*, deste complexo de negócios é o autor do encargo, que, por via de regra, será o verdadeiro financiador da operação, cabendo ao encarregado a tarefa de fornecer capital ao terceiro, enquanto permite que o autor do encargo possa levar a cabo um investimento financeiro garantido pela sua própria responsabilidade fidejussória[6].

Perante esta descrição sumária do regime legal, já se afirmou que estamos perante uma curiosa figura, cuja definição é mais sugestiva do que rigorosa, porquanto o encarregado não age por conta do autor do encargo, como ocorreira num contrato de mandato, mas sim por conta própria[7]. Com efeito, estamos perante uma figura qualificada legalmente

---

[5] *Il mandato di credito* in BIDR 27 (1914), pp. 129-191 (p. 129) e *BIDR 28 (1915)*, p. 191-260.

[6] Léon Alonso, *El mandato de crédito,* in RDP, 1982, pp. 1075-1114 (p. 1095), Alberto Figone, *Mandato di credito* in DIGESTO, tomo XI, Turim: Unione Tipografico--Editrice Torinese, 1994, pp. 185-190 (p. 86, 1.ª coluna). O autor, aliás, não deixa de chamar a atenção para o facto de o encarregado, agindo em nome e por conta próprios, não deixar de secundar o interesse que o autor do encargo coloca na operação, uma vez que este só estará disponível para assumir a garantia fidejussória do crédito concedido se tiver um interesse pessoal na concessão efectiva do crédito.

como mandato à qual está associada a responsabilidade fidejussória daquele que solicita a concessão de crédito ao terceiro. Assim, tendo no nosso horizonte este esquema de funcionamento, não podemos olvidar a sede legal do mandato de crédito. Na verdade, esta figura encontra-se incluída no bloco normativo dedicado às garantias pessoais das obrigações. Deste modo, não obstante esse enquadramento sistemático, não deixaremos de curar da análise das relações com as restantes garantias pessoais das obrigações.[8]

Em qualquer caso, não deixaremos de tentar aferir se estamos perante uma modalidade de mandato, uma vez que o legislador o qualifica como tal, ou, quiçá, perante uma figura *a se stante*. Isto equivale a dizer que é nosso intuito procurar caracterizar os traços essenciais do regime legal do mandato de crédito, de modo a podermos estar na posse de elementos que nos permitam tomar posição na *vexata quaestio* da sua natureza jurídica.

Ademais, para levar a bom porto a nossa empresa, não deixaremos de ter em conta o facto de a figura dever – e ter de – ser estudada ao nível das garantias das obrigações. Ora, como é consabido, esta área da dogmática jurídica é um cruzamento dos principais ramos do Direito (*"droit carrefour"*)[9], pelo que será forçoso recorrer aos ensinamentos de outras áreas da Ciência Jurídica, sob pena de nos enclausurarmos numa redoma hermeticamente fechada.

---

[7] ANTUNES VARELA, *Das Obrigações em Geral*, vol. II, 7.ª ed., Coimbra, Livraria Almedina, 1997, p. 483 (nota 1). Todavia, note-se desde já que o mesmo autor, desta feita em parceria com PIRES DE LIMA, entende estar perante um caso de fiança tácita. PIRES DE LIMA/ANTUNES VARELA – *Código Civil Anotado*, vol I., 4.ª ed., Coimbra: Coimbra Editora, p. 647, o que parece denotar uma certa vaguidão relativamente à correcta caracterização do mandato de crédito.

[8] A este propósito consideram ROMANO MARTINEZ/FUZETA DA PONTE, *Garantias de Cumprimento,* 4.ª ed., Coimbra: Livraria Almedina, 2003, p. 158 (nota 327), que estamos perante uma fiança encapotada.

[9]A expressão pertence a DOMINIQUE LEGEAIS, *Sûretés et Garanties du Crédit*, 4.ª ed., Paris: LGDJ, 2004, p. 17. *Summo rigore*, talvez seja mais correcto afirmar a unidade da Ciência Jurídica e o facto de, consequentemente, os vários ramos do Direito não serem estanques, mas, pelo contrário, vasos comunicantes.

2. Percurso

Ante a escassez, entre nós, de estudos monográficos consagrados à figura do mandato de crédito[10], teremos, forçosamente, de socorrer-nos das opiniões expendidas noutros ordenamentos jurídicos, mormente o italiano e o alemão, uma vez que, à imagem da ordem jurídica portuguesa, os códigos civis destes países também consagram expressamente a figura do mandato de crédito. Contudo, não deixaremos igualmente de fazer uma breve análise do tratamento dado a esta figura no ordenamento jurídico espanhol, fruto da sua grande proximidade cultural com o nosso ordenamento jurídico, mas, sobretudo, devido ao facto de aí o mandato de crédito ser um contrato atípico e inominado, facto que não tem impedido a doutrina de se dedicar ao seu estudo.

Assim, de modo a podermos lograr alcançar a empresa a que nos propusemos, em primeiro lugar efectuaremos uma abordagem sumária do berço desta figura: o Direito Romano[11]. Neste particular, a nossa investigação limitar-se-á a uma análise perfunctória dos aspectos essenciais do mandato de crédito à luz deste ordenamento jurídico, pois é nosso entendimento que essa análise permitirá esclarecer alguns aspectos que, por vezes, parecem algo obnubilados pela doutrina e, simultaneamente, terá a virtualidade de permitir descortinar as situações às quais esta figura visava acorrer. De seguida, efectuaremos uma breve análise do enquadramento dado pela lei e pela doutrina de outros ordenamentos jurídicos.

---

[10] Excepção feita a Calvão da Silva, *Mandato de Crédito e Carta de Conforto* in *Estudos em Homenagem ao Professor Doutor Inocêncio Galvão Telles*, vol. II Coimbra: Livraria Almedina, pp. 245-264. Neste particular, julgamos serem aplicáveis as considerações expendidas por Arcos Vieira, *El mandato de crédito*, Pamplona: Editorial Aranzadí, 1996, p. 21, a propósito do panorama legislativo e doutrinário espanhol. Efectivamente, a quase absoluta falta de atenção que os textos, doutrina e jurisprudência dedicam, no nosso Direito, a esta figura, não faz justiça nem à existência de precedentes históricos interessantes, por serem controvertidos e dignos de certa atenção, nem a uma situação actual caracterizada pela difusão que o mandato de crédito foi adquirindo nos últimos cem anos em ordenamentos jurídicos vizinhos.

[11] Não ignoramos que a evolução do mandato de crédito até à actualidade constitui matéria para uma rica e complexa investigação. Ora conforme já foi salientado por Januário da Costa Gomes, *Assunção fidejussória de dívida – Sobre o sentido e âmbito da vinculação como fiador*, Coimbra: Livraria Almedina, 2000, pp. 479-89 (nota 386) a investigação sobre a evolução histórica desta figura impõe a simultânea consideração da evolução do mandato, da fiança, da letra de câmbio, da carta de crédito e da responsabilidade por recomendações. Também a nós não nos fenece o *animus,* mas sim o tempo.

Chegados a esse ponto, julgamos estar em condições de poder operar a delimitação perante figuras afins, de modo a podermos concentrar os nossos esforços na análise do actual regime legal, procurando traçar os elementos essenciais desta figura.

Uma vez feito esse levantamento, estaremos em condições de procurar indagar acerca da natureza jurídica do mandato de crédito e enunciar as conclusões que o presente estudo houver de ocasionar.

§ 2. O *mandatum pecuniae credendae*

1. **Origens**

Resulta bastante difícil determinar a data exacta em que o *mandatum pecuniae credendae* surgiu. Perante esta dificuldade têm sido intentadas várias vias explicativas, que têm sido alvo de críticas variadas. Seguindo a lição de TORRES PARRA, parece ser seguro afirmar que o mandato de crédito terá surgido na *praxis* comercial como reacção ante o formalismo excessivo que o *ius civile* impunha para formalizar uma garantia pessoal. A função subjacente ao instituto seria, assim, a de proporcionar ao mutuário o dinheiro que este necessitava e que teria solicitado a um amigo, que, carecendo de liquidez para efectuar o mútuo, teria solvência suficiente para responder perante o possível incumprimento do mutuário perante um terceiro (o futuro mandatário)[12].

Do ponto de vista cronológico, apenas é líquido que a fixação dos seus contornos, como figura análoga à *fideiussio*, dá-se na Idade Clássica. Todavia, será apenas com a legislação justinianeia que operará em definitivo a recondução, *rectius*, a assimilação do *mandatum pecuniae credendae* à figura da *fideiussio*.

2. **O mandato**

O *mandatum pecuniae credendae* era, no Direito Romano, uma modalidade de mandato, pelo que, antes do mais, é mister fazer uma descrição sumária deste contrato à luz deste ordenamento jurídico. De acordo com GAIO, *Institutiones*, III, 155 e 156:

---

[12] TORRES PARRA, *El mandato de crédito como garantia personal,* Madrid: Editorial Dyckinson, 1998, p. 59.

O mandato constitui-se quando mandamos quer no nosso interesse, quer em interesse alheio. Assim, se eu te mandar gerir os meus negócios ou os de outrem, contrai-se a obrigação de mandato e ficamos obrigados reciprocamente um para com o outro no que deva ser feito de boa fé, eu para ti e tu para mim.

Todavia, se te mandar fazer algo no teu próprio interesse, o mandato é inútil, dado que o que tenhas de fazer no teu próprio interesse, deves fazê-lo segundo o teu critério, e não segundo o meu mandato. Assim, se tivesses dinheiro improdutivo em tua casa e eu te tivesse exortado para que o mutuasses a alguém de quem não o pudesses recuperar, não terias contra mim a acção de mandato. Do mesmo modo, se eu te tivesse exortado para que comprasses alguma coisa, ainda que não fosse conveniente comprá-la, também não ficaria obrigado contigo por mandato. E estes princípios são de tal modo aceites que se discute se fica obrigado por mandato aquele que te mandou mutuar dinheiro a Tício. Sérvio negou-o e considerou que neste caso não se constitui mais obrigação do que quando se manda a alguém mutuar dinheiro em geral. Mas nós seguimos a opinião de Sabino, que pensa o contrário, dado que tu não terias mutuado a Tício se não te tivesse sido mandado.[13]

Tendo por base os trechos acabados de citar, tem sido entendido que estamos perante um contrato de mandato quando alguém (*"mandans"* ou *"mandator"*) encarrega outrem (*"mandatarius"*) de realizar qualquer actividade no interesse do mandante, de um terceiro ou destes e do

[13] Tradução efectuada com base em ARCOS VIEIRA, *El mandato de crédito*, cit., pp. 26-27. No original pode ler-se "**155**. *Mandatum consistit, siue nostra gratia mandemus siue aliena; itaque siue ut mea negotia geras siue ut alterius, mandauerim, contrahitur mandati obligatio, et inuicem alter alteri tenebimur in id, quod uel me tibi uel te mihi bona fide praestare opportet.* **156.** *Nam si tua gratia tibi mandem, superuacuum est mandatum; quod enim tu tua gratia facturus sis, id de tua sententia, non ex meo mandatu facere debes; itaque si otiosam pecuniam domi tuae te habentem hortatus fuerim, ut eam faenerares, quamuis iam ei mutuam dederis, a quo seruare non potueris, non tamen habebis mecum mandati actionem. Item si hortatus sim, ut rem aliquam emeres, quamuis non expedierit tibi eam emisse, non tamen tibi mandati tenebor. et adeo haec ita sunt, ut quaeratur, an mandati teneatur, qui mandauit tibi, ut Titio pecuniam faenerares. Seruius negauit: non magis hoc casu obligationem consistere putauit, quam si generaliter alicui mandetur, uti pecuniam suam faeneraret. sed sequimur Sabini opinionem contra sentientis, quia non aliter Titio credidisses, quam si tibi mandatum esset."*

mandatário que, por seu turno, se obriga a realizá-la gratuitamente[14]. Com efeito, a gratuitidade adequava-se na perfeição aos serviços de cortesia que não reclamavam um elevado dispêndio de tempo nem a utilização de uma competência particular por parte do mandatário. Todavia, a gratuitidade não isentava de dificuldade alguns aspectos de regime, como seria o caso de o mandatário ter de suportar despesas em que incorresse durante a execução do mandato[15].

Partindo dos excertos acabados de citar, tem sido possível afirmar a existência de três tipos de mandato no Direito Romano, a saber: o *mandatum mea gratia,* o *mandatum aliena gratia* e o *mandatum tua gratia*, sendo que terá sido esta última modalidade o epicentro de onde terá derivado o mandato de crédito[16].

Na sua configuração normal, o mandato era um contrato estipulado no interesse do mandante, que poderia fazer uso da *actio mandati*, de molde a que o mandatário cumprisse diligentemente o encargo que aceitara, tendo direito ao reembolso das despesas em que incorresse durante a execução do mandato (*mandatum mea gratia*). O esquema abstracto do negócio era de tal forma ágil que, progressivamente, estendeu-se a contratos em que existia um interesse combinado entre o interesse do mandante e do terceiro (*mandatum aliena gratia*). Finalmente, existiam, ainda, casos que inicialmente foram considerados como situações inadmissíveis,

[14] De notar que o elemento da gratuitidade resulta de outra fonte do Direito Romano, a saber: D. 3.3.1 pr.: (Ulpiano), onde se pode ler *"Procurator est qui aliena negotia mandatu domini administrat"*. Esse ensinamento também se retira de outro passo do Digesto (17.1.1.4, Paulo) onde se lê que o mandato que não seja gratuito é nulo: *"Mandatum nisi gratuitum nullum est."* No que concerne ao mandato de crédito, entende Léon Alonso, *El mandato de crédito,* cit., p. 1083, que, na ausência declaração expressa das fontes romanas, deve entender-se como plenamente aplicável ao mandato de crédito a regra geral da gratuitidade referente ao mandato, se bem que também não possa ser excluída a possibilidade de um pacto que atribua uma compensação ao mandatário em virtude da obrigação assumida.

[15] Arangio-Ruiz, Vincenzo – *Il mandato in diritto romano* (reimp.), Milão: Giuffrè, 1965, p. 115.

[16] Contra, Bortolucci, *Il mandato di credito*, cit., pp. 169-181, considerando que o *mandatum pecuniae credendae* é recondutível ao *mandatum aliena gratia.* Com efeito, entende o autor que as expressões *mea, tua* e *aliena gratia* não têm o mesmo sentido que lhe é atribuído nas expressões *negotium meum, tuum* ou *alienum*, pelo que a distribuição do risco e das vantagens económicas não têm nada a ver com a atribuição original ou com a pertença do negócio.

porquanto seriam mandatos conferidos no interesse exclusivo do mandatário (*mandatum tua gratia*)[17].

Conforme salienta Frezza, o *mandatum tua gratia* requeria uma análise mais subtil, de modo a podermos discernir o papel da responsabilidade dos vários intervenientes no negócio jurídico. A descoberta do acto pelo qual o mandatário pudesse ser considerado pertencente à esfera da responsabilidade do mandante cabe a Sabino, autor que entendia dever atribuir-se a responsabilidade do mandante a um acto livremente querido do mandatário nos casos em que a livre determinação da vontade do mandatário não se tivesse dado sem a intervenção dominante, *scilicet* conformadora do negócio, do mandante[18].

Assim, o mandato de crédito seria o mandato estipulado no interesse do mandatário credor da quantia mutuada pelo que, em caso de insolvência do mutuário, o mutuante poderia lançar mão de uma *actio mandati* de modo a poder ser indemnizado pelas perdas sofridas em virtude da ocorrência da insolvência. Temos, pois, que o esquema do mandato era utilizado para fins diversos do mandato típico, plasmado no *mandatum mea gratia* ou *aliena gratia*, uma vez que o mandante acabava por ser aquele que garantia a quantia mutuada[19].

3. O *mandatum pecuniae credendae*

Conforme tivemos oportunidade de verificar, o *mandatum pecuniae credendae*[20] constituiu uma aplicação do contrato de mandato à função

---

[17] Giuseppe Provera, *Mandato (storia)* in ED, tomo XXV, 1975, Milão: Giuffrè Editore, pp. 311-321 (p.315, 1ª coluna).

[18] Paolo Frezza, *Le garanzie delle obbligazionni – Corso di Diritto Romano, Vol. I. Le Garanzie Personali,* Pádua, CEDAM, 1962, p. 202-203.

[19] Giuseppe Provera, *Mandato (storia),* cit., p. 315, 2.ª coluna.

[20] Sublinhe-se o facto de não estarmos perante uma questão líquida e isenta de dúvidas. Na verdade, o *mandatum pecuniae credendae* esteve no âmago de uma polémica doutrinal entre os próprios jurisconsultos romanos. Trata-se de polémica de que não curaremos, pois transcende em muito o âmbito destas páginas. Sobre esta matéria, cfr Torres Parra, *El mandato de crédito como garantia personal,* cit., pp. 60-74. Conforme salienta Léon Alonso, *El mandato de crédito,* cit., p. 1077, a figura do *mandatum precuniae credendae* não teve origens claras ou um desenvolvimento pacífico, dado que nasceu com umas características entorpecedoras da sua própria finalidade, tendo-se desenvolvido dentro de perfis institucionais estritos.

específica de garantir ao credor – que actuaria nas vestes de mandatário – o cumprimento dos seus créditos. Para tal ser exequível, o garante--mandante assumia perante o credor-mandatário essa responsabilidade, desde que este não procurasse executar o negócio creditório enquanto não houvesse instruções do mandante nesse sentido[21].

Teleologicamente, o *mandatum pecuniae credendae* consistia na garantia recebida pelo mutuante, configurando-se como um mandato em que o mandante encarrega outrem para proceder à entrega de dinheiro, através de mútuo, a um terceiro, garantindo o mandante a obrigação derivada do mútuo. Do ora exposto, resulta o desvio do fim habitual do contrato de mandato, permitindo que aquele que viria a assumir a posição de fiador tomasse a iniciativa de toda a operação, conferindo um mandato a alguém com disponibilidade financeira (*"capitaliste"*) para mutuar uma determinada quantia monetária ao futuro devedor. Dito de outro modo, cabia ao mandato, nesta operação, o papel de assegurar o reforço do crédito do devedor[22].

Antes do mais, convém referir, desde já, que o conceito "garantia" é uma elaboração relativamente recente, uma vez que é o produto das reflexões da moderna doutrina civilística. Com efeito, o termo garantia foi sendo progressivamente autonomizado, tendo por base figuras como a fiança ou o penhor. Na verdade, "garantia" remonta ao alemão antigo *"waren"* ou *"waeren"*, onde *"warentare"* era sinónimo de defender e, simultaneamente, era utilizado para indicar a obrigação de garantia do autor (*"Warens"*) no contrato de compra e venda[23].

Certo é que, apesar de o conceito ser inexistente no Direito Romano, essa lacuna (*latissimo sensu*) não obstou à utilização reiterada de vários conceitos, por parte dos jurisconsultos romanos, para se referirem ao

---

[21] PAOLO FREZZA, *Le garanzie delle obbligazionni* cit., Vol. I., p. 199.

[22] RAIMOND MONIER, *Manuel Élémentaire de Droit Roman, Tome 2 – Les obligations*, Aalen: Scientia Verlag (reimp.), 1970, p. 311. BORTOLUCCI, *Il mandato di credito*, cit., p. 184 acentua que o *mandatum pecuniae credendae* deve ter por objecto um acto futuro do mandatário, o que explica que o mandato deve preceder a concessão do mútuo por parte do mandatário ao terceiro. Assim, um mandato posterior à concessão espontânea do mútuo seria inexistente em virtude de se tratar de negócio jurídico sem objecto.

[23] MICHELE FRAGALI, *Garanzia (voce)* in ED, tomo XVIII, Milão: Giuffrè Editore, pp. 446-466 (447, 2ª coluna). Conforme salienta o autor, foi a partir do uso típico para garantia da evicção que o termo garantia passou a significar, em termos latos, as mais diversas obrigações destinadas a assegurar o cumprimento das obrigações ou o gozo dos direitos.

reforço das obrigações[24]. Ou seja, apesar de não existir um conceito autónomo de garantia, funcionalmente, os juristas romanos procuraram escudar as obrigações, através de reforços das obrigações, sendo que tais reforços, hodiernamente, à luz da actual dogmática, são subsumíveis[25] no conceito de garantia.

Fechando este parêntese, diremos que parece ser óbvio que existem duas relações contratuais perfeitamente diferenciadas e identificadas no *mandatum pecuniae credendae*, a saber: (i) o contrato consensual de mandato, ao qual são aplicáveis as regras dos mandatos comuns, excepto no que tange às especificidades derivadas do seu objecto, e (ii) o contrato real de mútuo, formalizado pelo mandatário perante um terceiro, como execução do encargo recebido e de cujo incumprimento será responsável o mandante[26].

A este propósito, refira-se o seguinte trecho de ULPIANO (D. 17.1.12.14), que tem sido alvo de bastante polémica junto da doutrina romanista: "*Si post creditam pecuniam mandavero creditori credendam, nullum esse*

---

[24] TORRES PARRA, *El mandato de crédito como garantia personal,* cit., pp. 10-12. MICHELE FRAGALI, *Garanzia (voce)* (cit.), p. 446, 2ª coluna.

[25] Cumpre salientar que não aderimos à construção inerente ao silogismo judiciário e à obsoleta visão de que a interpretação é um mal necessário, conforme defendia BECCARIA, *Dos delitos e das Penas* (trad. de *Dei delitti e delle Pene* por JOSÉ DE FARIA COSTA), Fundação Calouste Gulbenkian, 1998, pp. 68-69. Em qualquer caso, saliente-se que, no nosso entendimento, o tão odioso silogismo judiciário ainda tem, cremos, lugar no arsenal jurídico que a Teoria do Direito coloca à nossa disposição. Assim, este recurso poderá limitar-se a ser um mero resumo do trabalho desempenhado pelo intérprete. Ou seja, finda a interpretação da norma e a necessária argumentação/fundamentação da actividade interpretativa levada a cabo, não vemos qualquer óbice a que se conclua com um silogismo deste tipo. Deste modo, pensamos, evita-se todo o formalismo típico das operações lógicas celebrizadas por BECCARIA e MONTESQUIEU. Isto porque, nesta óptica, a subsunção – não há quaisquer motivos para temer a utilização da palavra – já tem como pano de fundo a sua necessária fundamentação. Ela funciona *apenas* como conclusão. Ou, chamando à colação a linguagem literária, mais não é do que um mero epílogo da tarefa levada a cabo pelo intérprete.

[26] Torres PARRA, *El mandato de crédito como garantia personal,* cit., p. 48. No mesmo sentido SANTOS JUSTO, *Direito Privado Romano II (Direito das Obrigações),* Coimbra: Coimbra Editora, 2003, p. 165-166. O autor também salienta o facto de, inicialmente, serem aplicáveis as regras do *mandatum.* Todavia, remata chamando a atenção para o facto de, com o decurso do tempo, o instituto ter-se aproximado da *fideiussio*, sublinhando o facto de o Direito Justinianeu ter concedido ao mandante o *beneficium excussionis.*

mandatum rectissime Papinianus ait. (...)". Com base neste fragmento tem sido defendido que os romanos não admitiam a constituição de uma garantia sob a forma de mandato[27].

O conteúdo desta obrigação de garantia traduz-se apenas no facto de o mandante-garante dever responder perante o mandatário-mutuante pelo incumprimento da obrigação decorrente do mútuo. Ademais, a relação derivada do contrato de mandato e a relação resultante do contrato de mútuo são independentes entre si, motivo pelo qual o mandante, *a priori*, não tem qualquer relação jurídica com o terceiro.

Neste particular, conforme assinala TORRES PARRA, podemos afirmar a existência de uma obrigação de garantia que medeia as relações entre mandante e mandatário, sendo que tal obrigação surge com a execução do contrato de mandato. O que equivale a dizer que esta obrigação subjaz à própria estrutura do mandato de crédito, pelo que se deve entender que não teria de ser prevista de modo expresso pelas partes[28].

Assim, o raciocínio que levou o *mandatum pecuniae credendae* a ser configurado como negócio de garantia pode ser resumido da seguinte forma: o *mandatum tua gratia e o consilium* identificavam-se pela não produção de efeitos jurídicos, i.e. o mandato de crédito é um *mandatum tua gratia*, que não tem a natureza de mandato e é ineficaz juridicamente como *consilium*. Sendo assim, as obrigações não surgem *ex causa mandati*, pelo que se afigura legítimo individualizar em momento posterior a causa real das obrigações. Estas derivariam, apenas, da promessa de garantia efectuada pelo mandante[29].

Parece ser indiscutível que do *mandatum pecuniae credendae* resulta uma operação triangular. De facto, topamos com três intervenientes:

---

[27] Assim LUIGI BRAGANTINI, *Il mandato di credito,* Milão: Giuffrè Editore, 1939, p. 41. Teremos oportunidade de voltar a apreciar este trecho *infra* §2.4.

[28] El *mandato de crédito como garantia personal,* cit., pp. 48-49.

[29] GRAZIANI, *Mandato di credito,* Roma: Societá Editrice "Athenaeum", 1937, p. 15. Note-se que o autor prefere acentuar a promessa do mandante, ao invés de fazer referência ao efeito fidejussório da sua vinculação perante o mandatário. Trata-se de um raciocínio coerente com a conclusão que o autor tirará posteriormente, uma vez que vislumbra no mandato de crédito um *pactum de contrahendo*. LÉON ALONSO, *El mandato de crédito,* p. 1078, salienta que, num momento prévio, o *consilium* e o *mandatum tua gratia* chegaram a identificar-se plenamente pela impossibilidade de produção de efeitos jurídicos, uma vez que era comum afirmar-se, com alguma frequência, que o *mandatum tua gratia* gera uma obrigação do mandante em consequência do mandato, enquanto que no mero *consilium* a assunção de garantia gera a obrigação de quem fornece o conselho.

mandans e *mandatarius* no contrato de mandato, e mutuante e mutuário no âmbito do contrato de mútuo, sendo que um dos intervenientes é comum em ambos os contratos: o mandatário-mutuante que, de acordo com a evolução subsequente operada pelo direito justinianeu, será responsável como fiador da quantia mutuada ao terceiro.

Este aspecto inerente à triangularidade das relações jurídicas decorrentes do *mandatum pecuniae credendae* não sairia prejudicado pela existência de vários mandantes ou mandatários. Todavia, nestas situações haveria que analisar detidamente as relações existentes entre os vários intervenientes, com o fito de apurar qual o regime que lhes seria aplicável, em virtude de estarmos perante uma obrigação de garantia com uma pluralidade de sujeitos. Em todo o caso, existe um ponto indiscutível: qualquer um dos intervenientes nesta relação triangular actuava sempre em nome próprio. Caso tal não sucedesse, o mandatário actuaria nas vestes de gestor[30].

4. **Distinção entre *mandatum pecuniae credendae* e *fideiussio***

Com o decurso do tempo, o mandato de crédito foi, progressivamente, aproximando-se à *fideiussio*[31].

Um dos principais motivos que ajudam a explicar a divulgação do *mandatum pecuniae credendae* prende-se com o facto de, em comparação com a fiança, este instituto apresentar a vantagem de não criar a solidariedade que derivava daquela. Consequentemente, o credor que tivesse agido contra o devedor sem que este tivesse cumprido a sua obrigação,

---

[30] Tal é o que decorre das fontes. Com efeito, podemos ler em Celso, D., 17.1,48,1): *Cum mando tibi, ut credendo pecuniam negotium mihi geras mihique id nomen praestes, meum in eo periculum, meum emolumentum sit, puto mandatum posse consistere.*

[31] A *fideiussio*, a par da *sponsio* e da *fidepromissio*, era uma garantia pessoal das obrigações. Muito sinteticamente, poderemos definir a *sponsio* como uma promessa solene, de origem sacral e exclusiva dos *cives Romani*, que permitia garantir uma *obbligatio* contraída verbalmente e que era intransmissível. A *fidepromissio*, por seu turno, era também uma promessa solene com que, invocando a deusa *fides, cives Romani* e *peregrini* garantiam uma *obbligatio* contraída verbalmente, sendo que o seu regime jurídico é semelhante ao da *sponsio*. Já a *fideiussio* garantia qualquer *obbligatio*, sendo a *obbligatio* resultante da *fideiussio* transmissível aos herdeiros do *fideiussor*. Para mais detalhes, cfr., p. ex., Santos Justo, *Direito Privado Romano – II (Direito das Obrigações)*, cit., pp. 159-165.

sempre poderia agir contra o *mandans*[32]. Adicionalmente, apresentando-se como uma forma de garantia mais ágil, o *mandatum pecuniae credendae* mostrava inegáveis vantagens perante a forma verbal extremamente rígida da fiança[33].

Assim, a aplicação do mandato com função de garantia, para além de permitir a constituição da mesma, facilitava-a, uma vez que se constituía através da execução do mandato, mesmo à distância e, simultaneamente, não surgia entre o *mandans* e o devedor o vínculo da solidariedade, não produzindo quaisquer efeitos a *litis contestatio* nas relações entre ambos[34].

Todavia, numa fase inicial, ambas as figuras eram perfeitamente distinguíveis. Socorrendo-nos da lição de FREZZA, diremos que as diferenças entre ambas as figuras resultariam no seguinte: (i) a *fideiussio* contraía-se verbalmente, pelo que apenas podia contrair-se mediante acto *inter presentes,* enquanto o mandato se contraía por *consensus*, pelo que nada obstaria a que fosse celebrado um mandato *inter absentes*; e (ii) a *fideiussio* podia ser posterior à relação obrigacional a que visa acorrer, enquanto que o mandato, por seu turno, devia ser prévio ao crédito[35].

Para além destas diferenças, seria ainda necessário ponderar acerca da possibilidade de aplicação da figura da ratificação (*"ratihabitio"*) à *fideiussio* e ao *mandatum pecuniae credendae.* A resposta a esta questão resume-se à interpretação do seguinte fragmento de ULPIANO (D.17.1.12.14): *"Si post creditam pecuniam mandavero creditori credendam, nullum esse mandatum rectissime Papinianus ait. (...)".*

Estamos perante um ponto controvertido. Com efeito, FREZZA considera que, atendendo à relação existente entre o garante-mandante e o mandatário, a *ratihabitio* teria a função de salientar que a vontade do garante-mandante, intervindo *post factum*, seria nula se dissesse respeito ao futuro, sendo válida se se referisse a um momento pretérito[36]. Pelo contrário, TORRES PARRA defende não ser possível aplicar a figura da *ratihabitio* ao mandato de crédito, dado que o mandatário actua por ordem de outro sujeito, sabendo que os seus resultados serão garantidos

[32] ARANGIO-RUIZ, *Istituzioni di Diritto Romano*, 14.ª ed., Nápoles: Eugénio Jovene, 1998, p. 408.

[33] BORTOLUCCI, *Il mandato di credito*, cit., p. 239.

[34] ARANGIO-RUIZ, *Il mandato in diritto romano*, cit., p. 129.

[35] PAOLO FREZZA, *Le garanzie delle obbligazionni* cit., Vol. I., p. 212.

[36] PAOLO FREZZA, *Le garanzie delle obbligazionni* cit., Vol. I., p. 214.

por aquele. A autora prefere acentuar, também, que a ratificação não se colocava nos casos em que o mandatário concedesse um novo prazo ao devedor para que este cumprisse a obrigação, sempre e quando o mandante ratificasse a sua actuação[37].

O culminar desta evolução, com o consequente desvanecimento das diferenças entre ambas as figuras, é facilmente verificável. Basta atentar na epígrafe do Livro 46.1 do D.: "*De fideiussoribus et mandatoribus*"[38]. Trata-se de uma evolução que teria marcas indeléveis nas legislações hodiernas que consagraram legalmente esta figura[39], uma vez que não mais seria afastada a responsabilidade do mandante como fiador, responsabilidade essa que surge como decorrência da concessão do crédito.

A título de curiosidade, e por forma a ilustrar o esmaecimento de diferenças entre ambas as figuras, salientamos apenas o facto de, durante a Idade Média, o *mandatum pecuniae credendae* surgir como uma modalidade de fiança, sendo executado tendo por base uma ordem de um banqueiro tendente à abertura de crédito a favor de um terceiro ou visando garantir um crédito já existente, confirmando a necessidade de assegurar prioritariamente a certeza dos créditos, como garantia do normal desenrolar do tráfego monetário e comercial[40].

---

[37] *El mandato de crédito como garantia personal,* cit., p. 94-95.

[38] Para BRAGANTINI, *Il mandato di credito*, cit., p. 41, esta rubrica do Digesto marca o desaparecimento do conceito autónomo de mandato de crédito. Acerca das reformas operadas por Justiniano nas regras da fiança, cfr., p. ex., RAIMOND MONIER, *Manuel Élémentaire de Droit Roman*, cit., pp. 312-313.

[39] Designadamente, o CC, o CCIt., o BGB e o CO.

[40] ANDREA ROMANO, *Garanzie dell'obbligazione nel diritto medievale e moderno* in DIGESTO, tomo VIII, Turim: Unione Tipografico-Editrice Torinese, 1992, pp. 621-632 (p. 632, 2.ª coluna).

§ 3. As origens do actual regime legal

1. Código de Seabra

No Código de Seabra não existia qualquer referência à figura do mandato de crédito[41]. Esse facto não levou a que a doutrina desconhecesse a figura. De facto, encontramos uma breve referência em CUNHA GONÇALVES, onde podemos ler: *"(...) Os romanos conheciam diversas espécies delas* [garantias acessórias]*: a* fidepromisso, *a* fidejussio, *o* mandatum pecuniae credendae. *Todas estas formas antigas fundiram-se na moderna fiança, (...)"*[42].

Atendendo a este panorama de quase esquecimento por parte da doutrina nacional, julgamos ser imperioso sublinhar que não vislumbramos qualquer justificação para que a figura não tivesse sido alvo de atenção por parte da doutrina e da jurisprudência, dado que a ausência de previsão legal não pode justificar que um determinado instituto seja votado ao esquecimento.

Prova disso mesmo é a situação análoga que se vivia em Itália previamente à aprovação do actual CCIt. Com efeito, apesar de o anterior Código Civil Italiano não dispor de qualquer norma expressa relativa ao mandato de crédito, tal não obstou ao surgimento de estudos sobre a matéria, estudos esses que, obviamente, tratavam o mandato de crédito como contrato inominado e atípico[43]. De igual modo, a ausência de regu-

---

[41] Trata-se de uma situação que ainda hoje subsiste em alguns ordenamentos jurídicos, designadamente França e Espanha.

[42] *Tratado de Direito Civil Português*, tomo V, Coimbra: Coimbra Editora: 1932, p. 155.

[43] Salientamos os estudos que temos vindo a citar ao longo do presente trabalho: GRAZIANI, *Mandato di credito,* cit. e BRAGANTINI, *Il mandato di credito,* cit. Como nota de curiosidade, registe-se o facto de ambos os estudos não terem descurado o estudo do mandato de crédito no Direito Romano.

lação expressa do mandato de crédito também não impediu, na actualidade, a doutrina espanhola de lhe dedicar a sua atenção[44].

2. O Anteprojecto de Vaz Serra

Pese embora o esquecimento a que o mandato de crédito foi votado pela doutrina pátria, a figura ressurgiu entre nós graças ao labor de Vaz Serra[45]. Efectivamente, aquando da elaboração dos estudos preparatórios tendentes à feitura do actual Código Civil, o articulado proposto por Vaz Serra relativo às garantias pessoais das obrigações dedicava, por influência do CCIt. e do BGB, um capítulo autónomo destinado à regulação do mandato de crédito.

Na verdade, era entendimento do Ilustre Professor que o mandato de crédito devia ser regulado no futuro Código, porquanto seria conveniente esclarecer na lei qual o seu regime legal. Com efeito, eram avançadas razões de peso para justificar essa opção. Assim, por um lado, o mandato de crédito não seria recondutível à figura do mandato, porquanto era impossível qualificá-lo como mandato *proprio sensu*, pelo que, quando muito, a qualificação como mandato apenas seria aceitável por haver um *encargo* ou *encarregamento* de outrem e pela própria tradição. Por outro lado, a figura também não seria uma fiança *sic et simpliciter*, uma vez que o autor do encargo não se limitaria a garantir uma obrigação futura de terceiro, pois confere ao outro contraente o encargo de conceder crédito àquele terceiro. Assim, atendendo aos motivos acabados de expor, Vaz Serra defendia que a figura careceria de regulação autónoma[46], regulação essa que viria a ser transposta, parcialmente, para o actual CC.

No que concerne ao articulado proposto, era defendido que deveria ser atribuída ao mandante, em princípio, a faculdade de revogação do mandato de crédito, sendo que essa faculdade só deveria admitir-se com a ressalva da obrigação de reparar o dano que este causasse ao mandatário, independentemente do facto de o mandato ser gratuito ou oneroso. Acrescentar-se-ia, apenas, nos casos de mandato oneroso, que deveriam ser observáveis as regras aplicáveis do contrato de empreitada ou de outro contrato de prestação de serviços que existisse no caso concreto.

[44] Cfr., *infra* § 4.3.

[45] *Fiança e Figuras análogas*, cit., pp. 19-330, *maxime* pp. 287-293.

[46] *Fiança e Figuras análogas*, cit., pp. 288-289.

Ao mandatário, por seu turno, não seria concedido o direito de denunciar o mandato, pois, em virtude da aceitação do encargo e do recebimento da garantia da outra parte, tal justificaria que não houvesse qualquer motivo para ser autorizado a frustrar a expectativa da contraparte com a cessação do vínculo contratual que as liga.[47]. Todavia, e como forma de compensar esta impossibilidade de fazer cessar o vínculo contratual, VAZ SERRA, baseado nos ensinamentos da doutrina alemã, entendia que deveria ser conferida ao mandatário a faculdade de não conceder o crédito sempre que a concessão se mostrasse perigosa para o encarregado[48].

Em jeito de conclusão, refira-se também que, uma vez que o mandante respondia como fiador, considerava-se razoável o facto de ter de sujeitar a manifestação da vontade deste às formalidades exigidas para a fiança, cujas regras deveriam, em geral, ser aplicáveis ao mandato de crédito[49].

3. **Articulado proposto**

O articulado proposto por VAZ SERRA para o mandato de crédito era o seguinte:

"Art. 39.º – Requisitos. Revogação

1. Aquele que encarrega outrem de dar crédito a terceiro, em nome e por conta do encarregado, responde como fiador, se o encargo for aceite.

2. A manifestação de vontade do autor do encargo está sujeita às disposições dos arts. 4.º e 5.º[50].

3. O autor do encargo pode revogá-lo enquanto o encarregado não tenha prometido o crédito ao terceiro de modo a vincular-se, sem prejuízo dos factos já verificados e da responsabilidade pelo dano que causar ao mesmo encarregado. Este não pode renunciar ao encargo que aceitou.

---

[47] *Fiança e Figuras análogas*, cit., p. 290.

[48] *Fiança e figuras análogas*, cit., p. 291. Conforme teremos oportunidade de verificar *infra*, § 4.4, o CCit. dispõe, expressamente, de uma regra que prevê a insolvência superveniente do mandante ou do terceiro, caso em que o mandante pode recusar-se, licitamente, a cumprir a obrigação a que está adstrito.

[49] *Fiança e figuras análogas*, cit., p. 292.

[50] O art. 4.º dizia respeito à fiança prestada por pessoas casadas e o art. 5.º referia-se à forma exigida para a declaração de fiança.

4. Se o mandato for oneroso, observam-se, no que respeita à revogação, as regras aplicáveis ao contrato de prestação de serviços que no caso se verificar.

Art. 40.º – Liberação. Extinção

1. O encarregado pode recusar a execução do encargo quando, depois de o aceitar, a situação económica do autor dele ou do terceiro se modificou de modo a tornar-se notavelmente mais difícil a realização do direito que com aquela execução viria a adquirir, salvo se se prestar caução idónea. Se o executa, sem autorização especial do autor do encargo, não obstante conhecer a referida modificação na situação do terceiro ou outra que mostre ser inconveniente a concessão do crédito, aquele fica exonerado, salvo se se prestar caução idónea.

2. Observa-se o mais que se dispõe no art. 32.º[51]

3. Quando outra coisa não resulte da natureza do acto, o mandato de crédito não se extingue pela morte ou interdição do autor do encargo, mas cessa pela morte ou interdição do encarregado."[52]

4. Reacções ao anteprojecto

Como reacção ao articulado proposto por VAZ SERRA, apenas encontrámos uma afirmação expendida por HUMBERTO LOPES, considerando que o mandato de crédito mais não seria do que um caso especial de fiança[53].

Ora, perante este panorama de quase desinteresse doutrinário relativamente ao mandato de crédito, não nos parece ser exagerado nem descabido afirmar que, salvo o estudo preparatório que temos vindo a citar, o legislador pátrio não pôde contar com o auxílio da doutrina na ponderação da melhor solução a adoptar[54].

---

[51] O art. em causa era relativo à fiança de obrigações futuras.

[52] *Fiança e figuras análogas*, cit., p. 329-330.

[53] *Observações sobre o anteprojecto do direito das obrigações*, in *Jornal do Foro*, n.º 25 (1961), pp. 70 a 107 (p.107). Neste particular, HUMBERTO LOPES não coincidia, na íntegra, com a opinião expendida por CUNHA GONÇALVES, *Tratado de Direito Civil Português*, V, cit. p. 155 quando este afirmava que o *mandatum pecuniae credendae* era recondutível à moderna fiança.

[54] Concordamos, pois, com JANUÁRIO GOMES, *Assunção fidejussória de dívida*, cit., p. 480, nota 388.

5. O actual texto do CC

Como resultado dos estudos preparatórios do Código Civil, chegou até nós o seguinte art. (manifestamente mais sintético do que o articulado originalmente proposto por VAZ SERRA), que servirá como ponto de partida para procurarmos traçar o regime do mandato de crédito no nosso ordenamento jurídico:

> ***"Art. 629.º (Mandato de Crédito)***
> *1. Aquele que encarrega outrem de dar crédito a terceiro, em nome e por conta do encarregado, responde como fiador, se o encargo for aceito.*
> *2. O autor do encargo tem a faculdade de revogar o mandato enquanto o crédito não for concedido, assim como a todo o momento o pode denunciar, sem prejuízo da responsabilidade pelos danos que haja causado.*
> *3. É lícito ao encarregado recusar o cumprimento do encargo, sempre que a situação patrimonial dos outros contraentes ponha em risco o seu futuro direito."*[55]

---

[55] Atendendo à redacção deste preceito, julgamos serem perfeitamente aplicáveis as observações expendidas por BELVEDERE; *Il problema delle definizione nel Codice Civile*, Milão: Giuffrè, 1977, p. 113-114 a propósito do art. 1958 CCit., quando afirma estarmos perante um preceito que não contém qualquer definição. Pelo contrário, o preceito limita-se a dar algumas indicações acerca da disciplina contida no texto do artigo, o que implicaria afirmar que o preceito imporia um mínimo de reelaboração, dado que contém uma definição implícita. O autor, IDEM, *ibidem,* cit., p. 119, salienta, ainda, que o processo de reconstrução objectiva corre o risco de, muitas vezes, ser de utilidade diminuta, sendo que, no caso do mandato de crédito, o maior problema colocado ao intérprete redundaria no problema de individualizar, com precisão, se a obrigação fidejussória a cargo do autor do encargo está incluída no conteúdo típico do acordo entre as partes, ou se, pelo contrário, se trata de um mero efeito cominado pela lei em consequência da conclusão do contrato.

A talho de foice, cumpre salientar que o legislador não curou de definir, de forma expressa, o mandato de crédito, limitando-se a descrever uma situação fáctica que, uma vez verificada, leva a que o autor do encargo responda como fiador perante o encarregado. Ou seja, perante este preceito, teremos de proceder a uma reconstrução, de modo a procurarmos avançar com uma definição de mandato de crédito. Em qualquer caso, a situação fáctica avançada pelo legislador terá, pelo menos, a virtualidade de balizar os casos em que poderemos afirmar estar perante um mandato de crédito. Trata-se, aliás, de uma situação comum às várias previsões relativas às garantias especiais das obrigações, o que não deixa de causar alguma estranheza, sobretudo se compararmos a técnica legislativa utilizada para se definirem vários contratos, p.ex., a compra e venda, a doação, o contrato de sociedade ou o mandato.

Em sentido contrário, SIMONETTO, *Mandato di credito,* cit., p. 153 (2.ª coluna), considera que, uma vez que a causa do negócio produz negócios jurídicos, e sendo estes uma projecção da causa, o art. 1958 CCIt contém uma verdadeira definição.

§4. Breve excurso de Direito Comparado

1. Razão de ordem

Por forma a podermos oferecer uma breve panorâmica relativa ao enquadramento dado ao mandato de crédito, afigura-se-nos conveniente proceder a uma breve deambulação por outros ordenamentos jurídicos, de modo a podermos tomar contacto com as soluções legislativas existentes, bem como com o enquadramento teórico dado pela doutrina desses países.

Para o efeito, analisaremos sucintamente as regras do direito alemão e italiano relativas ao mandato de crédito, uma vez que, à imagem do direito pátrio, estes ordenamentos jurídicos consagram expressamente a figura. Adicionalmente, faremos também uma breve incursão pelo direito espanhol, incursão motivada quer pela proximidade cultural e geográfica deste ordenamento jurídico, quer pela particularidade de essa análise sumária ter a virtualidade de analisar o enquadramento conferido ao mandato de crédito num ordenamento jurídico que não dispõe de regras que o consagrem expressamente.

2. Alemanha

No direito alemão, a figura do mandato de crédito tem a sua sede legal no § 778 BGB, onde pode ler-se:

> *"**§778 Mandato de Crédito.** Quem confere a outrem o mandato de conceder um empréstimo ou um auxílio financeiro a terceiro em nome próprio e por conta própria responde como fiador do mandatário pelas obrigações decorrentes do empréstimo ou do auxílio financeiro."*[56]

---

[56] Tradução nossa. No § 778 BGB podemos ler: *"**§778 Kreditauftrag.** Wer einen anderen beauftragt, im eigenem Namen und auf eigene Rechnung einem Driten ein*

O preceito em causa está englobado no Livro Segundo do BGB, relativo ao Direito das Obrigações. Concretizando um pouco mais, o mandato de crédito está regulado no título referente à fiança (*"Bürgschaft"*), sendo o último dos parágrafos contidos nesse título. Assim, tendo como ponto de partida estas coordenadas legais, resulta algo difícil concretizar a natureza jurídica do mandato de crédito, uma vez que a definição legal do § 778 BGB aponta para o contrato de mandato, *rectius*, qualifica-o como mandato, enquanto que, funcionalmente, este tipo contratual é análogo à fiança, dado que desencadeia a responsabilidade fidejussória do mandante[57].

Aliás, cumpre salientar que, a par desta indefinição dogmática, também já tem sido afirmado que a definição do mandato de crédito é infeliz (*"mißglückt"*), uma vez que não tem em conta o momento crucial do mandato de crédito, i.e., a concessão de crédito, sendo que nesse momento reveste maior importância não tanto a obrigação de conceder crédito, mas sim, pelo contrário, a obrigação de responder perante o terceiro pela dívida, algo que poderá ser avaliado pela sua declaração expressa ou pelo seu comportamento concludente[58].

Apesar do enquadramento sistemático da figura dado pelo legislador tudesco, a doutrina germânica não tende a reconduzir o mandato de crédito à fiança[59]. Pelo contrário, boa parte da doutrina considera estar perante uma modalidade particular de mandato[60]. De facto, à partida, o

---

Darlehen oder eine Finanzierungshilfe zu gewähren, haftet den Beauftragten für die aus dem Darlehen oder der Finanzierungshilfe entstehende Verbindlichkeit des Drittens als Bürge".

[57] LARENZ/CANARIS, *Lehrbuch des Schuldrechts,* 13.ª ed., Munique: C.H. Beck'sche Verlagsbuchhandlung, 1994, tomo II/2, p. 21.

[58] HANS STOLL, *Vertrauensschutz bei einseitigen Leistungversprechen* in AAVV, *FS für Werner Flume zum 70. Geburstag*, Colónia: Verlag Dr. Otto Schmidt KG, 1978, pp. 741-773 (p. 759). O autor fica impressionado com o facto de o BGB, contrariamente ao art. 408, n.º 1 CO, não fazer referência expressa à responsabilidade do mandante pela concessão do crédito.

[59] A título de exemplo, ENNECCERUS/LEHMANN, *Recht der Schuldverhältnisse – Ein Lehrbuch,* 15.ª ed., Tubinga: J.C.B. Mohr (Paul Siebeck), 1958, p. 805.

[60] Veja-se, p. ex., a afirmação lapidar de NORBERT HORN, *Anotação ao 778§ BGB* in *Staundinger[12]*, 12.º ed., Berlin, Walter de Gruyter & Co., 1986, pp. 462-465, Nm. 1: *"Der Krediauftrag* ***ist kein Bürgschaftsvertrag, sondern ein besonderer Fall des*** **Auftrags** *iS §§ 662 ff, bei dem der* Auftraggeber *dem Beauftragten wie ein* Bürge *für die Verbindlichkeit des Drittenhaften soll(...)"* (sublinhado nosso). No mesmo sentido pro-

mandato de crédito é enquadrável quer na definição de mandato do § 662 BGB[61] quer na definição de *Geschäftsbesorgungsvertrag* do § 675 BGB. A título de curiosidade, registe-se o facto de o mandato, à luz da definição legal do § 662 BGB ser gratuito (*"ungeltlich"*), o que não impede que, mormente no domínio das relações comerciais, existam mandatos onerosos – basta atentar, p. ex., no disposto no § 342 HGB. Trata-se, pois, de um raciocínio que pode ser perfeitamente aplicado ao mandato de crédito, pelo que nada obsta a que este possa ser oneroso[62].

Paralelamente a esta linha argumentativa, não deixou de haver quem sustentasse posição similar no domínio puramente civil. Assim, de acordo com ENNECCERUS/LEHMANN, se estivermos perante um mandato de crédito gratuito, este será regido pelas regras referentes à disciplina do mandato, enquanto que se o mandato de crédito for oneroso, será regido, na maioria dos casos, pelas regras da *Geschäftsbesorgungsvertrag*[63].

Todavia, não deixa de haver quem saliente que o facto de o encarregado conceder crédito por sua própria conta impede que o mandato de crédito seja recondutível, sem mais, à noção de mandato, dado que à luz do § 667 BGB o mandatário actua por conta do mandante, facto que não ocorre no mandato de crédito, uma vez que o mandatário concede crédito por sua conta e risco[64].

No que concerne à forma do mandato de crédito, é entendimento pacífico que vigora a regra da liberdade de forma, pelo que o mandato de crédito será um contrato meramente consensual[65]. A talho de foice,

---

nuncia-se HABERSACK, *Anotação ao § 778 BGB,* cit., Nm. 1, bem como SCHLECHTRIEM, *Schuldrecht Besonderer Teil,* Tubinga: J.C.B. Mohr (Paul Siebeck), 1987, Nm 447, para quem o objecto de um mandato pode consistir na vinculação do mandatário em conceder crédito a um terceiro em nome e por conta próprios (*"Gegenstand eines Auftrags kann die Verpflichtung des Beauftragten sein, einem Dritten* ***im eigene Namen*** *und für eigene Rechnung* ***Kredit zu geben***") (sublinhado do autor).

[61] A este respeito, BÜLLOW, *Rech der Sicherheiten – Sachen und Rechte, Personen,* 6.ª ed., Heidelberga: C. F. Müller Verlag, 2003, Nm. 1034, salienta o facto de, na maioria dos casos, o mandatário ser uma instituição de crédito (*"Kreditinstitut"*). Trata-se, cremos, de um aspecto que demonstra a importância prática desta figura no tráfego comercial.

[62] MÜHL, *Anotação ao § 778 BGB* in OTTO MÜHL, *Bürgerliches Gesetzbuch mit Einführunggsgesetz und Nebengesetzen,* Estugarda-Berlim-Colónia-Mainz: Verlag W. Kohlhamer, 1985, Band 4, pp. 358-360, Nm. 4.

[63] ENNECCERUS/LEHMANN, *Recht der Schuldverhältnisse – Ein Lehrbuch,* cit., pp. 804-805.

[64] LARENZ/CANARIS, *Lehrbuch des Schuldrechts,* cit., tomo II/2, p. 22.

cumpre salientar que, tendo como base esta liberdade de forma, LARENZ/CANARIS defendem a redução teleológica[66] do § 766 BGB, defendendo não ser exigível a forma escrita nas situações em que o credor se vincula perante o fiador a conceder crédito ao devedor principal[67].

Na redacção anterior do BGB, era entendimento comum que o mandato de crédito tinha por objecto negócios de crédito de todos os tipos (*"Kreditgeschäfte aller Art"*)[68], o que levava alguns sectores doutrinais a defenderem a possibilidade de ser concedido crédito através quer da outorga de dinheiro quer da outorga de coisas. Trata-se de uma interpretação que, segundo cremos, sai prejudicada com a nova redacção do § 778 BGB, uma vez que este deixa de se referir à concessão de crédito (*"Kreditgewährung"*) para se referir a um empréstimo ou a um auxílio financeiro (*"Darlehen oder Finanzierungshilfe"*), o que parece inculcar que apenas será admitida a concessão de crédito monetário.[69]. Dito de outro modo, a nova redacção do BGB tem um escopo mais reduzido no que concerne à amplitude da concessão de crédito.

No tocante às relações jurídicas entre mandante e mandatário derivadas do mandato de crédito, é comum a afirmação de que quer antes quer após a concessão de crédito, essas relações serão reguladas pelas regras relativas ao mandato[70].

---

[65] NORBERT HORN, *Anotação ao 778§ BGB*, cit., Nm. 3. MÜHL, *Anotação ao § 778 BGB*, cit., Nm 2.

[66] Seguindo a lição de KARL LARENZ, *Metodologia da Ciência do Direito*, 3.ª ed. (tradução de *Methodenlehre der Rechtswissenschaft*, 6.ª ed, por JOSÉ LAMEGO), Lisboa. Fundação Calouste Gulbenkian, 1997, p. 556, a "redução teleológica" é o processo pelo qual a regra contida na lei, concebida demasiado amplamente segundo o seu sentido literal, se reconduz e é reduzida ao âmbito de aplicação que lhe corresponde segundo o fim da regulação ou a conexão de sentido da lei.

[67] LARENZ/CANARIS, *Lehrbuch des Schuldrechts*, cit., tomo II/2, p. 23-24.

[68] HABERSACK, *Anotação ao § 778 BGB*, cit., Nm. 6.

[69] Acerca da interpretação da expressão *"Kreditgewhärung"*, cfr., por todos, HORN, *Anotação ao 778§ BGB*, cit., Nm. 2 a), onde se pode ler o seguinte: *"(...) Neben ein Geldkredit kommt auch ein Warenkredit des Lieferanten in Betracht."*. Pensamos que esta expressão é exemplificativa da amplitude da interpretação que fazia da expressão "concessão de crédito". Se é certo que a maioria dos autores ligava esta expressão ao contrato de abertura crédito ou à prorrogação do crédito, não é menos certo que estes créditos próximos do crédito de dinheiro, permitiam entender ser possível conceder crédito de coisas.

[70] HABERSACK, *Anotação ao § 778 BGB*, cit., Nm. 7-9.

Dentre essas regras, salientam-se os deveres secundários de informação que impendem sobre o mandatário e que encontram tradução legal no § 665 BGB, que obriga o mandatário a comunicar ao mandante as circunstâncias que, se fossem conhecidas deste, o levariam a modificar o mandato, abstendo-se, provisoriamente, de o executar. Trata-se de uma situação que reveste importância crucial nos casos em que a concessão do crédito se revelar perigosa, *verbi gratia* devido ao facto de a situação patrimonial das partes dificultar a satisfação do crédito[71].

Relativamente à cessação do vínculo contratual, será aplicável o § 671 BGB, relativo à revogação (*"Widerruf"*) e à denúncia (*"Kündigung"*) do mandato. Assim, o mandato será revogável a todo o tempo pelo mandante (§ 671 (1) BGB), enquanto que o mandatário apenas poderá denunciar o mandato invocando justa causa (*"wichtiger Grund"*), sendo que se houver lugar à cessação do vínculo contratual derivado do mandato sem haver lugar à invocação da justa causa, o mandatário terá de ressarcir o mandante pelos prejuízos sofridos (§ 671 (2) BGB).

Afigura-se conveniente fazer uma descrição ligeiramente mais alongada das relações entre os vários intervenientes no mandato de crédito. Com a aceitação do mandato de crédito surge a obrigação contratual de o mandatário, em seu nome e por conta própria, conceder crédito a um terceiro, sendo que o mandato de crédito cessará com a morte do mandatário, mas não com a morte do mandante[72].

O mandatário, por seu turno, na execução (*"Ausführung"*) do mandato deverá zelar pelo interesse do mandante, enquanto que este, por via de regra, atendendo ao fim do mandato, não estará vinculado perante o mandatário[73].

Acresce ainda que o § 778 BGB é, segundo o entendimento maioritário da doutrina, direito dispositivo, pelo que está na livre disposição das partes afastar a responsabilidade do mandante como fiador[74]. Em

[71] No ordenamento jurídico alemão não há qualquer regra expressa que permita que o autor do encargo possa recusar-se a cumprir o mandato se houver lugar a uma deterioração da situação patrimonial das partes. A obrigação de informação, *rectius* o dever secundário de informação previsto no § 665 BGB é, outrossim, uma decorrência do princípio da boa fé contratual.

[72] NORBERT HORN, *Anotação ao 778§ BGB*, cit., Nm. 7.

[73] NORBERT HORN, *Anotação ao 778§ BGB*, cit., Nm. 8-9.

[74] NORBERT HORN, *Anotação ao 778§ BGB*, cit., Nm. 1; HABERSACK, *Anotação ao § 778 BGB,* cit., Nm. 2. LARENZ/CANARIS, *Lehrbuch des Schuldrechts,* cit., tomo II/2,

qualquer caso, nas situações em que as partes não lancem mão da faculdade de afastar a responsabilidade fidejussória do mandante, parece que este poderá fazer uso do § 775 BGB e, como tal, desvincular-se da responsabilidade como fiador nos casos aí previstos.

Note-se, também, que o mandante responde perante o mandatário não como fiador, mas sim tendo como base o contrato-base existente entre ambos, ou seja, o mandato ou a *Geschäftsbesorgungsvertrag*, consoante os casos[75].

Finalmente, sublinhe-se que, no tocante à destrinça entre as figuras da fiança e do mandato de crédito, tem sido apontado como critério reitor a existência de um interesse próprio do mandante na concessão de crédito[76].

3. **Espanha**

O Código Civil espanhol não dispõe de qualquer disposição expressa relativa à figura do mandato de crédito. Efectivamente, no âmbito das garantias pessoais avulta a regulação conferida à fiança[77], que, nos termos do art. 1822 I do Código Civil espanhol, permite que alguém se obrigue a pagar ou cumprir por terceiro, caso este não o faça. Adicionalmente, o art. 1823 do Código Civil espanhol vem esclarecer que a fiança pode ter origem convencional, legal ou judicial, podendo ser constituída a título oneroso ou gratuito, podendo, também, ser constituída não só a favor do devedor principal, mas também a favor de outro fiador[78].

---

p. 22, por seu turno, optam por acentuar o facto de não ser necessária uma declaração expressa de aceitação da responsabilidade como fiador do mandante, porquanto esta responsabilidade é um efeito *ex lege*.

[75] NORBERT HORN, *Anotação ao 778§ BGB*, cit., Nm. 10.

[76] ENNECCERUS/LEHMANN, *Recht der Schuldverhältnisse – Ein Lehrbuch*, p. 805, NORBERT HORN, *Anotação ao 778§ BGB*, cit., Nm. 2, LWOWSKI/MERKEL, *Kreditsicherheiten*, cit., p. 64, REINICKE/TIEDTKE, *Kreditsicherung*,,4.ª ed., Neuwied und Kriftel: Luchterhand, 2000, Nm. 114. Neste particular, o *leading case* é o caso decidido pelo OLG Frankfurt. *Haftung des Architekten aus Kreditauftrag*, OLG Frankfurt, Urt. V. 5.7.1967 – 11 u 94/66 in NJW 1967, pp. 2360-2362.

[77] Sobre a fiança no direito espanhol, cfr., por todos, CARRASCO PEREIRA/ CORDERO LOBATO/ MARÍN LÓPEZ, *Tratado de los Derechos de Garantía*, Navarra: Editorial Aranzadi, 2002, pp. 67-305.

[78] É o seguinte o texto dos preceitos citados do Código Civil espanhol:

Apesar do silêncio do legislador espanhol relativamente ao mandato de crédito, nem a doutrina nem a jurisprudência deixaram de se confrontar com a figura. Assim, tem sido acentuado que, à luz do direito espanhol, o mandato de crédito terá de ser configurado como um contrato atípico, em que se entrecruzam elementos próprios do mandato e da fiança[79].

Com efeito, a doutrina espanhola tem defendido que esta figura deve ser admitida com base no art. 1225 do Código Civil espanhol, que consagra o princípio da liberdade contratual[80]. Deste modo, atendendo a este princípio de liberdade da autonomia privada, serão aplicáveis, primacialmente, as regras do mandato, pelo que o mandato de crédito não estará sujeito à forma escrita exigida para a fiança comercial, mas tão somente aos requisitos de capacidade que possam ser exigidos para prestar garantias pessoais[81].

Assim, numa primeira fase, i.e. antes de o mandatário cumprir a obrigação de conceder crédito a terceiro, existirá uma relação de mandato, combinada com uma fiança para garantia de uma obrigação futura, sendo que predominarão os elementos do mandato sobre os da fiança, mormente a possibilidade de o mandante poder revogar o encargo[82].

Numa segunda fase, que se dá com a concessão do crédito pelo mandatário ao terceiro, o mandante passará a assumir as obrigações próprias do fiador relativamente a uma dívida já existente (aquela do terceiro

---

Art. 1822 I "*Por la fianza se obliga uno a pagar o cumplir por un tercero, en el caso de no hacerlo éste*"

Art. 1823: "*La fianza puede ser convencional, legal o judicial, gratuita o a título oneroso.*

Puede también constituirse no sólo a favor del deudor principal, sino al del otro fiador, consintiéndolo, ignorándolo y aun contradiciéndolo éste"

[79] CASTAN TOBEÑAS, *Derecho Civil Español, Comum y Foral (revisada y puesta al dia por* JOSÉ FERRANDIS VILELLA*)*, 14.ª ed., tomo IV, Madrid: Réus, S.A., 1977, pp. 730-731, PUIG BRUTAU, *Fundamentos de Derecho Civil,* tomo II, vol. II, 2.ª ed., Barcelona, Bosh, 1982, pp. 622-623.

[80] PUIG BRUTAU, *Fundamentos de Derecho Civil,* cit., p. 622.

[81] CARRASCO PEREIRA/ CORDERO LOBATO/ MARÍN LÓPEZ, *Tratado de los Derechos de Garantia,* cit., p. 123 (nota 122).

[82] CASTAN TOBEÑAS, *Derecho Civil Español, Comum y Foral*, cit., p. 731. PUIG BRUTAU, *Fundamentos de Derecho Civil,* cit., p. 623, chama a atenção para o facto de, nesta fase, nem o mandatário poder exigir provisão de fundos, nem a responsabilidade do mandante poder concretizar-se no abono do montante concedido ao terceiro.

para com o mandante), consistindo tal obrigação no dever de reembolsar o mandatário pelas despesas em que este incorra para conceder o crédito por conta própria, sendo que serão aplicáveis as regras da fiança relativamente ao conteúdo e extensão da responsabilidade, bem como aqueloutras relativas ao crédito de reembolso, às pretensões de liberação e à extensão da fiança[83].

Bem vistas as coisas, parece ser unânime a posição da doutrina espanhola ao negar a assimilação do mandato de crédito à fiança. Efectivamente, parece pacífico que, à luz deste ordenamento jurídico, independentemente da acção derivada da fiança, o mandatário terá sempre ao seu dispor as pretensões indemnizatórias derivadas dos arts. 1728 e 1729 do Código Civil espanhol, mesmo que o crédito não se venha a ser concedido. Consequentemente, o mandatário poderá sempre revogar o mandato, exigindo a indemnização pela execução incorrecta do contrato. Dito de outro modo, o mandato de crédito não se converte em fiança, limitando-se o mandante a responder como fiador tão-somente no que diz respeito à dívida contraída pelo terceiro[84].

Finalizamos este ponto chamando a atenção para o facto de, mau grado o Código Civil espanhol não ter reconhecido expressamente a figura do mandato de crédito, esta ser conhecida pela Compilação de Direito Civil foral de Navarra, em cuja lei 526 se estabelece que quem manda outrem mutuar uma determinada quantidade de dinheiro ou conceder crédito a um terceiro, faz-se fiador da obrigação contraída por este. Adicionalmente, o mandatário poderá liberar-se do mandato se as condições patrimoniais do mandante ou do terceiro se tiverem alterado de modo a tornar-se mais difícil a satisfação da sua dívida[85].

---

[83] Castan Tobeñas, *Derecho Civil Español, Comum y Foral*, cit., p. 731. Puig Brutau, *Fundamentos de Derecho Civil,* cit., p. 623. Léon Alonso, *El mandato de crédito,* in RDP, 1982, pp. 1092-1093. Note-se, todavia, que para o autor, até ao momento em que o terceiro aceita concessão de crédito, apenas existirá uma relação derivada do contrato de mandato. Carrasco Pereira/ Cordero Lobato/ Marín López, *Tratado de los Derechos de Garantia,* cit. p. 134, salientam também que o mandante não pode opor a compensação que afecta o devedor principal ou a ineficácia do crédito, se esta tiver sido derivada da observância das instruções do mandatário.

[84] Carrasco Pereira/ Cordero Lobato/ Marín López, *Tratado de los Derechos de Garantia,* cit., p. 123.

[85] Manuel Albaladejo, *Curso de Derecho Civil Español – II Derecho de Obligaciones,* 3.ª ed., Barcelona: Bosh, 1984, p. 478; Castan Tobeñas, *Derecho Civil Español, Comum y Foral*, cit., p. 731-732.

4. Itália

Contrariamente ao que se verifica na Alemanha, no ordenamento jurídico italiano o mandato de crédito está regulado numa secção autónoma do CCIt., relativa aos contratos em especial, o que permite que a doutrina possa afirmar a sua independência perante outros contratos[86]. Assim, são estas as normas relativas ao mandato de crédito:

> ***"Art. 1958 (Efeitos do mandato de crédito)***
> *Se uma pessoa se obriga perante outra, que lhe conferiu um encargo, a conceder crédito, em nome e por conta própria, a um terceiro, aquele que conferiu o encargo responde como fiador de dívida futura.*
> *Aquele que aceitou o encargo não pode desvincular-se, mas aquele que o conferiu pode revogá-lo, sem prejuízo da obrigação indemnizar a outra parte.*
>
> ***Art. 1959 (Insolvência superveniente do mandante ou do terceiro)***
> *Se, após a aceitação do encargo, as condições patrimoniais daquele que o conferiu ou do terceiro se alterarem de modo a tornar manifestamente difícil a satisfação do crédito, aquele que aceitou o encargo não pode ser obrigado a executá-lo.*
> *Aplica-se, consequentemente, o disposto no art. 1956."*[87]

À luz deste ordenamento jurídico, o mandato de crédito é caracterizado pela presença de um encargo que um sujeito, o mandante-promissário, confere a outro, o mandatário-promitente.

---

[86] Apesar de, sistematicamente, o CCIt. permitir afirmar a autonomia do mandato de crédito, a questão não é líquida, sendo grande o debate doutrinário acerca das fronteiras do instituto. Cfr., a título de exemplo, o levantamento efectuado por GIUSTI, *La fideiussione e il mandato di credito,* cit., p. 299-305.

[87] Tradução nossa. No original pode ler-se o seguinte:

Art. 1958 (Effetti del mandato di credito) *Se una persona si obbliga verso un'altra, che le ha conferito l'incarico, a fare credito a un terzo, in nome e per conto próprio, quella che ha datto l'incarico risponde come fideiussore di un debito futuro.*

Colui che ha accetatto l'incarico non puo inunziarvi, ma chi l'ha conferito puo revocarlo, salvo l'obbligo di risarcire il danno all'altra parte.

Art. 1959 (Soppravvenuta insolvenza del mandante o del terzo) *Se, doppo l'accettazione dell'incarico, le condizioni patrimoniali di ocluí che lo ha conferito o del terzo sono divenute tali da rendere notevolmente piú difficile il soddisfaciamento del credito, coluí che ha accettato l'incarico non può essere costretto ad eseguirlo.*

Si aplica inoltre la disposizione dell'art. 1956.

A doutrina tem salientado a necessidade de se estar perante um verdadeiro encargo, ou seja, é mister que a declaração contratual do mandante (*"richiesta"*) tenha o carácter de uma proposta contratual séria, isto é, deverá exprimir a intenção de ficar obrigado e de procurar uma resposta vinculante do destinatário[88].

Ademais, também tem sido salientado o facto de a proeminência do interesse do mandante na execução do encargo encontrar confirmação na faculdade de revogação que lhe é conferida pelo art. 1958, comma 2.º CCIt. Na verdade, trata-se de um poder que é coerente com a filosofia subjacente ao instituto, que coloca a tónica na exigência de garantir a mais completa correspondência entre o êxito final da operação e o interesse do mandante[89]. GIUSTI, indo um pouco mais longe, entende que esta faculdade de revogação representa uma derrogação do princípio de irrevogabilidade do mandato conferido no interesse do mandatário ou do terceiro e, acima de tudo, representa o reconhecimento, por via de uma presunção legal, da prevalência do interesse do mandante[90].

No que tange às consequências da cessação do vínculo contratual através da revogação, chegou a ser defendido que o ressarcimento de danos previsto no art. 1958, comma 2.º, deveria funcionar apenas nos casos em que ocorra uma justa causa, socorrendo-se, para esse efeito, da analogia com o regime do mandato[91]. Por outro lado, também foi observado que no mandato de crédito, não existindo a reciprocidade das posições em virtude da irrevogabilidade da promessa do mandatário, seria lícito pensar que o interesse deste tivesse como contrapartida uma obrigação incondicionada de indemnização[92].

Ante a redacção do CCIt., parece ser assaz avisada a opinião de SIMONETTO, que considera que o interesse do mandante opera em duas vias diversas, a saber: (i) é a estipulação do contrato de crédito que satisfaz o mandante através das suas relações com o terceiro, sendo que é dessas relações que o mandante perceberá a sua retribuição, e (ii) se é

---

[88] GIUSTI, *La fideiussione e il mandato di credito,* cit. p. 308.

[89] ABBADESSA, *Obligo di far credito (voce),* cit. p. 535 (1ª coluna).

[90] *La fideiussione e il mandato di credito,* cit. p. 30.

[91] D'AMELIO, *Anotação ao art. 1958* in *Commentario al Codice Civile, diretto da D'AMELIO e FINZI* – Obbligazioni II, Florença, 1949, p. 430.

[92] ABBADESSA, *Obligo di far credito (voce),* cit. p. 537 (1ª coluna). Note-se que o autor salienta o facto de esta afirmação pressupor que o promissário, em caso de incumprimento do promitente, recorra aos arts. 1433 segs. CCIt.

certo que o contrato de crédito pode ser considerado tarefa do mandatário, é o modo de dar crédito que satisfaz o mandante, i.e. a modalidade de concessão de crédito e o impulso inicial e sucessivo da operação[93].

No que concerne ao mandatário, se é verdade que este não pode renunciar ao encargo recebido, também não deixa de ser claro que este não poderá ser constrangido a realizar o encargo se, após a aceitação deste, as condições patrimoniais do promissário ou do terceiro se tiverem alterado, de modo a que seja mais difícil satisfazer o seu crédito. Assim, o problema hermenêutico de maior acuidade que surge a propósito deste trecho legal consiste em apurar se estamos perante uma causa de extinção do vínculo obrigacional ou se, pelo contrário, estamos perante uma causa de suspensão do vínculo contratual[94].

De acordo com GIUSTI, a situação *sub judice* não configura uma causa de extinção do mandato de crédito, mas apenas um motivo conducente à suspensão do vínculo contratual, pelo que, consequentemente, quando as condições patrimoniais do mandante ou do terceiro já não colocarem em perigo a possibilidade de cumprimento do mandatário, este continuará obrigado a realizar a prestação a que se obrigou. Pelo contrário, se houver lugar ao prolongamento desta situação, o mandatário poderá fazer uso da resolução do contrato em virtude de existir uma impossibilidade superveniente da prestação[95].

Tal como a sua congénere alemã, a doutrina italiana maioritária considera que a responsabilidade do mandante como fiador é um elemento acessório do negócio e, como tal, pode ser afastada pelas partes[96]. Deste modo, as partes podem excluir a responsabilidade fidejussória ou substituí-la por qualquer outra garantia, desde que esse afastamento seja estipulado pelas partes de forma expressa[97].

---

[93] SIMONETTO, *Mandato di credito (voce)*, cit., p. 157 (2.ª coluna).

[94] ABBADESSA, *Obligo di far credito (voce)*, cit., 537 (2.ª coluna)-538 (1ªcoluna).

[95] GIUSTI, *La fideiussione e il mandato di credito,* cit. p. 310-311.

[96] SIMONETTO, *Mandato di credito (voce)*, cit., 158 (2ª coluna) e nota (1); MAZZONI, *Le lettere di patronage*, Milão: Giuffrè, 1986, p. 134, FERRERO/BENATTI, *Mandato di credito* in PAOLO CENDON (diretto da) – *Commentario al Codice Civile,* Turim: UTET, pp. 1768-1772 (pp. 1769-1170). GIUSTI, *La fideiussione e il mandato di credito,* cit. p. 303, por seu turno, apesar de não negar que esta responsabilidade é um elemento acessório do contrato, prefere salientar que o mandato de crédito não se esgota nem no mandato nem na fiança.

[97] FERRERO/BENATTI, *Mandato di credito*, cit. p. 1770.

No que toca ao regime legal que regerá o encargo, serão aplicáveis ao mandato de crédito as regras relativas ao mandato, uma vez que o estatuto deste contrato constitui a sede onde o legislador regulou com maior completude e detalhe a obrigação de zelar pelos interesses de outrem[98].

A talho de foice, é mister sublinhar que é esta analogia que levou D'AMELIO a defender a cessação do mandato de crédito como consequência da morte ou da incapacidade superveniente do mandatário ou do mandante[99]. Trata-se, todavia, de entendimento que não colheu os favores da restante doutrina, que sói argumentar no sentido de que, no mandato comum, o efeito extintivo justifica-se com a natureza pessoal da prestação devida pelo mandatário, enquanto que no mandato de crédito a actividade solutória do promitente não apresenta tal carácter[100].

ABBADESSA dá-nos ainda notícia que é entendimento comum que a obrigação de contratar decorrente do mandato de crédito não é susceptível de execução específica ao abrigo do art. 2032 CCIt. A justificação para tal conclusão resulta do facto de se poder acentuar que o referido preceito legal não engloba a possibilidade de forçar o procedimento aí descrito referente à contraparte, i.e. ao contraente do negócio definitivo. Isto porque à vontade manifestada por um sujeito diverso do futuro contraente não pode ser dada a relevância jurídica de um acordo, nem mesmo ao nível de um acordo meramente preliminar relativo ao contrato celebrando[101].

No tocante à análise das relações entre os vários intervenientes na operação, não há grande consenso entre a doutrina, salientando-se um sector doutrinário que entende que, relativamente ao mandatário, deve considerar-se que estamos perante um *pactum de contrahendo*. Todavia, esta qualificação poderá alterar-se, tendo em consideração o contrato de crédito que o mandatário vier a celebrar. Assim, p. ex., se esse contrato

---

[98] GIUSTI, *La fideiussione e il mandato di credito,* cit. p. 311-312.

[99] D'AMELIO, *Anotação ao art. 1958,* cit. p. 432.

[100] ABBADESSA, *Obligo di far credito (voce),* cit. p. 537 (2ª coluna)-538 (1.º coluna). No mesmo sentido parece militar SIMONETTO, *Mandato di credito (voce)*, cit., p. 163 (2ª coluna) quando refere que, contrariamente ao mandato comum, no mandato de crédito avulta o *intuitus* relativo ao mandante, que tem como conteúdo a solvabilidade do mandante; paralelamente, também não se poderá colocar de lado o *intuitus* relativo ao terceiro que deve celebrar o contrato de crédito.

[101] *Obligo di far credito (voce),* cit. p. 538 (1.ª e 2ª coluna).

for um mútuo, dever-se-á considerar que, relativamente ao mandatário, estamos perante um *pactum de mutuo dando*[102].

Ademais, se o *pactum de contrahendo* tiver por objecto a celebração de um contrato de abertura de crédito (situação que pode ocorrer nos casos em que o mandatário é um Banco), por via do objecto particular do *contraherre* deverão ser aplicáveis as regras próprias do contrato de abertura de crédito[103]. Ou seja, o mandato de crédito é configurado como um contrato de geometria variável, uma vez que, atendendo ao contrato de crédito celebrando, será diferente a qualificação a dar à relação contratual de que o mandatário é titular.

---

[102] SIMONETTO, *Mandato di credito (voce)*, cit., p. 166 (2ª coluna).

[103] SIMONETTO, *Mandato di credito (voce)*, cit., p. 167 (1.ª e 2ª colunas)

§ 5. Delimitação perante figuras afins

1. Razão de ordem

Uma vez traçada a génese do mandato de crédito e estando efectuada uma breve análise do tratamento que esta figura recebe noutros ordenamentos jurídicos, julgamos ser pertinente procurar traçar as fronteiras com outras figuras que, quer pela sua estrutura quer pela sua função, lhe estão próximas. Assim, a análise que efectuaremos no presente capítulo cingir-se-á à delimitação perante garantias pessoais típicas, *maxime* a fiança, e à delimitação perante garantias pessoais atípicas, designadamente, a garantia autónoma e a carta de conforto.

2. Fiança

Em virtude de o mandato de crédito estar englobado nas regras relativas à fiança, começaremos por esta figura, que constitui o exemplo prototípico e paradigmático em sede de garantias pessoais das obrigações.

Na verdade, a fiança é uma figura de inegável importância prática[104], estando extremamente difundida no comércio jurídico, designadamente

---

[104] Nas palavras de JANUÁRIO GOMES, *Assunção fidejussória de dívida*, cit., p. 63, a fiança avulta como estrela de primeira grandeza entre as garantias pessoais de cumprimento. Similarmente, PAULO CUNHA, *Da Garantia das Obrigações*, (pelo aluno EUDORO PAMPLONA CORTE-REAL), Lisboa, 1938-1939, tomo II, pp. 36-37 afirmava: *"Antes de mais, a fiança tem a caracterizá-la, o sêr o modo genérico por que se constitui uma garantia pessoal: é a própria pessoa do fiador que fica respondendo e, portanto, fica respondendo com tôda a sua esfera patrimonial"* (sublinhado do autor) e ROMANO MARTINEZ/FUZETA DA PONTE, *Garantias de Cumprimento,* cit, p. 82, por seu turno, não se afastam deste entendimento declarando: *"De entre as garantias pessoais, a fiança regulada nos artigos 627.º e seguintes do Código Civil, será a figura tradicionalmente mais relevante, o protótipo destas garantias."*

ao nível da concessão de crédito. Atendendo ao regime legal vigente, a fiança pode ser convencional quando livremente acordada pelas partes ou legal, quando é exigida por força de uma concreta estipulação legal[105].

Nos termos do disposto no art. 627.º, n.º 1 CC, a fiança é a garantia pela qual o fiador assegura ao credor o cumprimento da obrigação do devedor, ficando pessoalmente obrigado perante o respectivo credor[106]. Daqui decorre que a obrigação do fiador consiste em responder pela dívida de outrem, sendo que a obrigação do fiador é distinta da obrigação do devedor principal. Este deve realizar uma determinada prestação, enquanto que o fiador tem de garantir que a obrigação principal seja cumprida[107].

O valor da fiança enquanto garantia pessoal encontra-se dependente do valor do património do fiador, pelo que, por via regra, a fiança abrange todo o património do fiador, embora nada obste a que possa haver lugar à limitação convencional da mesma, restringindo-a, apenas, a alguns dos bens do devedor[108].

De acordo com o disposto no art. 627.º, n.º 2 CC, a obrigação do fiador é acessória daquela que recai sobre o devedor principal. Aparentemente, estamos perante uma acessoriedade forte, uma vez que existe uma dependência da obrigação fidejussória no nascimento, na funcionalidade e na extinção da fiança. É plausível que, no caso da fiança, apesar de haver uma acessoriedade mais intensa do que a ditada pela estrita dependência genética e extintiva, não haja uma plena actuação do prin-

---

[105] Mónica Jardim, *A garantia autónoma*, Coimbra: Livraria Almedina, 2002, p. 173 afirma que a fiança pode existir independentemente de qualquer convenção das partes, referindo-se ao art. 629.º CC. Não conseguimos vislumbrar se autora afirma que, no caso de mandato de crédito, a responsabilidade como fiador do autor do encargo é um elemento essencial do contrato.

[106] Sublinhe-se o facto de, contrariamente ao § 765 BGB, não se fazer qualquer referência ao contrato de fiança. Apesar dessa omissão do CC, é quase consensual que a fiança é constituída por contrato entre fiador e credor.

[107] Na expressão de Vaz Serra, *Fiança e Figuras Análogas* in BMJ, n.º 71 (Dezembro de 1957), pp. 19-330 (p. 20), *"(...)o fiador promete ao credor o resultado de que será cumprida a obrigação principal, cumprindo, ao mesmo tempo a obrigação pessoal sua (esta tem por objectivo dar lugar ao resultado de ser cumprida aquela outra obrigação)"*

[108] Luís Menezes Leitão, *Direito das obrigações,* 3.ª ed, Coimbra: Livraria Almedina, 2005 vol. II *Transmissão e extinção das obrigações. Não cumprimento e garantias do crédito*, p. 316 e Almeida Costa, *Direito das Obrigações,* 9.ª ed., Coimbra: Livraria Almedina, 2001, p. 827.

cípio da acessoriedade, já que o regime da fiança está construído em torno de duas linhas a reitoras: a acessoriedade e o fim de garantia, que comprime a primeira, limitando-a. Ou seja, para além de garantia de cumprimento, a fiança também actua como uma garantia de solvência do devedor, i.e. é uma garantia de consecução do resultado do cumprimento, factor que se identifica com a satisfação do crédito[109].

Concretizando um pouco mais, diremos que a acessoriedade redunda no facto de a obrigação do fiador se apresentar na dependência estrutural e funcional da obrigação do devedor, sendo determinada por essa obrigação em termos genéticos, dado que não sendo válida a obrigação principal, também o não será a fiança (art. 632.°, n.° 1), em termos funcionais, podendo o fiador opor ao credor os meios de defesa que competem ao devedor, excepto se forem incompatíveis com a obrigação do fiador (art. 637.°, n.° 1) e em termos extintivos, dado que, extinguindo-se a obrigação principal, extingue-se a fiança (art. 651.° CC)[110].

A par da acessoriedade, é geralmente atribuída à fiança a característica da subsidiariedade. Esta encontra a sua expressão máxima no benefício da excussão prévia, (art. 638.°, n.° 1 CC), que é uma excepção através da qual o fiador pode recusar o cumprimento da obrigação do devedor principal, enquanto o credor não tiver exaurido todos os bens integrantes do património do devedor principal para satisfazer o seu crédito[111] [112]. Ou seja, o fiador só responderá pelo pagamento da obrigação

---

[109] Januário Gomes, *Assunção fidejussória de dívida*, cit., pp. 106-121, *maxime* pp. 116-118. Trata-se daquilo que o autor designa como acessoriedade média. Sobre os vários graus de acessoriedade, veja-se Medicus, *Schuldrecht II – Besonderer Teil,* 13.ª ed., Munique: Verlag C. H. Beck, 2006, pp. 193-194, que distingue cinco graus de acessoriedade no âmbito da fiança, a saber: no nascimento (*"Entstehung"*), no conteúdo (*"Inhalt"*), na manutenção (*"Zuständigkeit"*), na execução (*"Durchsetzung"*) e na extinção (*"Erlöschen"*).

[110] Luís Menezes Leitão, *Garantias das Obrigações,* Coimbra: Livraria Almedina, 2006, p. 120. Calvão da Silva, *Garantias acessórias e garantias autónomas* in *Estudos de Direito Comercial (Pareceres)*, Coimbra: Livraria Almedina, 1996, pp. 331-361 (p. 354). Julgamos ser esse, também, o entendimento de Romano Martinez/Fuzeta da Ponte, *Garantias de Cumprimento,* cit, p. 83, quando afirmam que a fiança se apresenta como acessória da dívida principal, no sentido de aquela ficar subordinada e acompanhar a obrigação afiançada.

[111] Só não haverá subsidiariedade em três casos: (i) quando o fiador tiver renunciado ao benefício da excussão prévia (art. 640.° a) CC), (ii) se o devedor ou o donos dos bens onerados com garantia não puder, em virtude de facto posterior à constituição da fiança, ser demandado ou executado no território continental ou nas ilhas adjacentes (art 640.°

se e quando provar que o património do devedor é insuficiente para saldar a obrigação por este contraída[113].

Finalmente, refira-se ainda que a lei exige que a declaração do fiador seja expressa e que revista a forma que a lei exige para a dívida afiançada (art. 628.º, n.º 2 CC). Na esteira de ANTUNES VARELA, somos do entendimento que temos de estar perante uma declaração expressa (art. 217.º, n.º 1 CC), pelo que a declaração de prestar fiança tem de resultar directamente da declaração do fiador e não através de deduções, inferências ou presunções[114] [115].

Decorre do que vai exposto que à fiança, dá lugar a uma relação triangular (*"Dreiecksverhältnisses"*) entre o fiador, o credor e o devedor principal[116]. Todavia, apesar desta similitude estrutural com o mandato de

---

b) CC) e (iii) quando a obrigação principal tiver natureza comercial, dado que nos termos do disposto no art. 101.º do Código Comercial todo o fiador de obrigação comercial, mesmo que não seja comerciante, será considerado devedor solidário a par do respectivo afiançado. Sendo assim, conforme refere, p. ex., LUÍS MENEZES LEITÃO, *Garantias das Obrigações,* cit., p. 121, é forçoso concluir que a subsidiariedade não é uma característica essencial da fiança.

[112] Cabe ainda apurar se a subsidiariedade de que vimos falando é forte, média ou fraca. Sobre este ponto, com indicações bibliográficas, cfr. JANUÁRIO GOMES, *Assunção fidejussória de dívida*, cit., pp. 964-994.

[113] ROMANO MARTINEZ/FUZETA DA PONTE, *Garantias de Cumprimento,* cit., p. 85.

[114] ANTUNES VARELA, *Das Obrigações em geral*, cit. vol. II, p. 482. Em sentido contrário, LUÍS MENEZES LEITÃO, *Direito das Obrigações,* cit. vol. II, p. 318 e, mais recentemente em LUÍS MENEZES LEITÃO, *Garantias das Obrigações*, cit., p. 119-120 e JANUÁRIO GOMES, *Assunção fidejussória de dívida,* cit., p. 388.

[115] Note-se que, neste particular, o CC difere do BGB, uma vez que este, no § 766, exige a redução a escrito da declaração de prestar fiança. Saliente-se, todavia, que VAZ SERRA, *Fiança e figuras análogas*, cit., p. 51 defendia a necessidade de redução a escrito da declaração de prestar fiança. O CCIt, por seu turno não tem qualquer regra relativa à forma da declaração de prestar fiança, pelo que vigora o princípio da liberdade de forma. Apenas se exige, no art. 1937 CCIt., que a vontade prestar fiança seja expressa. Cfr. GIUSTI, *La fideiussione e il mandato di credito,* cit., 86-87.

[116] Assim LARENZ/CANARIS, *Lehrbuch des Schuldrechts,* cit., pp. 2-3, referindo a existência de (i) a relação fiador-credor, derivada do contrato de fiança (*"Bürgschaftsvertrag"*), (ii) a relação devedor principal-credor, com o seu centro gravitacional na obrigação derivada da fiança, caracterizada pela acessoriedade e (iii) a relação fiador-devedor principal que, sendo gratuita será um mandato, sendo onerosa, será, na maioria dos casos, um *Geshäftsbesorgungsvertrag.* Similarmente, CARRASCO PEREIRA/ CORDERO LOBATO/ MARÍN LÓPEZ, *Tratado de los Derechos de Garantía*, cit., p. 74-75, preferem falar em (i) relação fiador-credor (relação fidejussória), (ii) relações credor-devedor (relação de valuta) e (iii)

crédito, que está na origem, também, de uma operação triangular, as figuras não se confundem, essencialmente, por três motivos[117].

Em primeiro lugar, porque a responsabilidade como fiador do autor do encargo é o resultado de uma mera remissão legal[118]. Quer isto dizer que as partes podem afastar a responsabilidade fidejussória, uma vez que esta mais não é do que um elemento natural do contrato. Deste modo, não parece descabido afirmar, seguindo GIUSTI, que a obrigação de natureza fidejussória existente no mandato de crédito não é destinada a individualizar a função deste contrato, que não tem uma função essencial e tipicamente auxiliar. Isto equivale a dizer que o mandato de crédito é um contrato com os seus traços característicos próprios, onde a função de promoção do crédito se associa a uma função instrumental – e acessória, acrescentamos – de garantia[119].

Acresce ainda que o mandato de crédito, contrariamente à fiança, não está submetido a qualquer requisito de forma, porquanto é um contrato meramente consensual. Ora, em sede de fiança, nos termos do disposto no art. 628.º, n.º 1 CC a declaração de prestar fiança deve ser expressamente declarada pela forma exigida para a obrigação principal. Ou seja, neste particular, a forma da declaração da fiança é acessória relativamente à obrigação principal, enquanto que no mandato de crédito não se verifica qualquer acessoriedade, uma vez que os contratos celebrados pelas partes são independentes entre si[120].

Finalmente, a linha divisória que permite proceder à distinção entre fiança e mandato de crédito radica no interesse próprio que o autor do

---

relações devedor-fiador (relação de cobertura). Acerca da operação de fiança, entre nós, cfr. JANUÁRIO GOMES, *Assunção fidejussória de dívida,*cit. 360-394.

[117] Neste particular, entendem MARCO/SPARANO, *La fideiussione bancaria,* 2.ª ed., Milão: Giuffrè, 1981, p. 172, que a distinção entre mandato de crédito e fiança tem mais valor teórico do que prático, uma vez que a jurisprudência italiana tem reconhecido a aplicação por analogia das normas relativas à fiança.

[118] Neste sentido, p. ex., REINICKE/TIEDTKE, *Kreditsicherung,* 4.ª ed., cit., Nm. 114 quando afirmam que o mandante não é fiador, uma vez que o significado do mandato de crédito prende-se com o facto de o mandante responder do mesmo modo que um fiador.

[119] *La fideiussione e il mandato di credito,* cit., p. 302-303. Trata-se de um ponto que desenvolveremos mais aprofundadamente *infra*, § 7.

[120] Neste momento, apenas diremos que o contrato de crédito celebrado entre o encarregado e o terceiro é uma decorrência do encargo conferido pelo autor do encargo. *Rectius*, é um acto devido pelo encarregado.

encargo tem na concessão do crédito, interesse esse que prepondera em toda a operação e que permite explicar a faculdade de desvinculação *ad nutum* do contrato.

Todavia, cumpre salientar que não quer isto dizer que seja impossível haver desvinculação de um contrato de fiança. Na verdade, sendo esta um contrato, seria intolerável que o fiador tivesse de ficar perpetuamente vinculado e impedido de paralisar *ex nunc* o fluxo de vinculações derivado da relação principal entre o credor e o devedor[121]. Sucede que, no caso da fiança, a possibilidade de desvinculação é construída com base em argumentos de ordem pública, enquanto que no mandato de crédito essa desvinculação é justificada pela preponderância do interesse do autor do encargo em toda a operação derivada do mandato de crédito, sendo que essa preponderância está plasmada na faculdade de cessação do vínculo contratual prevista no art. 629.º, n.º 2.

3. **Garantia autónoma**

Estamos perante uma garantia não prevista pela lei e que tem vindo a ser admitida com base no princípio da autonomia privada. Trata-se de uma figura cujas origens remontam aos finais do século XIX[122] e que terá nascido da verificação da insuficiência da fiança para satisfazer as necessidades do tráfego comercial, devido à protecção conferida ao credor pelo princípio da acessoriedade. Daí que viesse a ser estipulada frequentemente em contratos internacionais[123].

A garantia autónoma pode ser caracterizada como o contrato pelo qual alguém (geralmente um banco) se obriga perante outrem, a título de garantia, a realizar a prestação a cargo do devedor, assegurando que receberá sempre a quantia correspondente à dívida, não só em caso de incumprimento, mas mesmo nos casos em que a mesma não exista ou não seja

[121] Sobre este ponto, cfr., por todos, JANUÁRIO GOMES, *Assunção fidejussória de dívida,* cit., 750-779. Acerca da cessação da fiança, no Direito alemão, cfr., por todos, BÜLLOW, *Rech der Sicherheiten*, cit., Nm. 951-961

[122] A figura remonta a um trabalho intitulado *Der Garantievertrag,* datado de 1886, da autoria de RUDOLF STAMMLER. DOMINIQUE LEGEAIS, *Les Suretés*, cit., p. 270, por seu turno, opta por salientar que estamos perante um instrumento nascido da prática bancária internacional.

[123] LUÍS MENEZES LEITÃO, *Garantias das Obrigações,* cit., p. 150-151.

exigível[124]. Refira-se, também, que é usual a aposição da cláusula à primeira solicitação (*"on first demand", "a semplice richesta", "à première demande","auf erstes Anfordern"*), que leva a que o garante pague ao beneficiário determinada importância, assim que este lha peça[125].

Tal como o mandato de crédito, a garantia autónoma está na origem de uma operação triangular. No tocante à garantia autónoma, esta assenta num triângulo cujas faces são as seguintes relações jurídicas: (i) o contrato-base celebrado entre duas partes que constitui a relação jurídica principal que se pretende garantir, (ii) um contrato celebrado entre o devedor da relação principal e um garante, geralmente um Banco; (iii) o contrato autónomo de garantia, celebrado entre o garante e o credor-beneficiário[126].

Entre nós, a figura não tem consagração legal, mas tem vindo a ser admitida tendo por base o recurso ao princípio da liberdade contratual, surgindo, por conseguinte, a garantia autónoma como um negócio inominado e atípico. Contudo, isto não impede que exista uma tipicidade social de origem social e jurisprudencial[127]. Com efeito, estamos perante um negócio jurídico não tipificado na lei, mas cuja existência na prática da vida e da contratação é inegável. Trata-se, pois, de tipos normativos estruturais, dado que são o reflexo de práticas contratuais existentes[128].

---

[124] Preferimos acentuar o carácter contratual desta garantia. Galvão Telles, *Garantia Bancária Autónoma* in *O Direito,* Ano 120, 1988 (Julho-Dezembro), pp. 275-293 (p. 283) por seu turno, define a garantia autónoma como *"a garantia pela qual o banco que a preste se obriga a passar ao beneficiário certa quantia em dinheiro, no caso de alegada inexecução ou à execução de determinado contrato (o contrato-base), sem poder invocar em seu benefício quaisquer meios de defesa relacionados com esse mesmo conteúdo".*

[125] Acerca dos tipos de garantias autónomas, cfr. Manuel Castelo Branco, *A Garantia bancária autónoma no âmbito das garantias especiais das obrigações,* cit., pp. 70-73 e Mónica Jardim, *A garantia autónoma,* cit. pp. 67-95.

[126] Francisco Cortez, *A Garantia Bancária Autónoma – alguns problemas* in ROA 52 (1992), pp. 513-610 (pp. 522-523). Fazendo uso da terminologia proposta por Luís Menezes Leitão, *Garantias das Obrigações,* cit., p. 154, diremos que estamos perante três relações distintas: a relação de cobertura, entre o garantido (dador da ordem) e o garante, uma relação de atribuição, entre o dador da ordem e o beneficiário, e uma relação de execução, entre o garante e o beneficiário da garantia.

[127] Mónica Jardim, *A garantia autónoma,* cit., p.22.

[128] Seguimos a terminologia proposta por Pedro Pais de Vasconcelos, *Contratos atípicos,* Coimbra: Livraria Almedina, 2002 (reimp. da ed. de 1995), p. 59. Para mais pormenores acerca dos tipos sociais, cfr. Idem, *Ibidem,* cit. p. 59-64.

À partida, não seria despiciendo o enquadramento da garantia autónoma na categoria ampla dos negócios caracterizados pela função de seguro. Com efeito, tal enquadramento revela-se bastante sedutor, uma vez que o esquema do contrato de seguro permitiria justificar o risco do sujeito que deseja permanecer indemne perante o terceiro que assume o risco da operação[129]. Todavia, há que recusar esta linha de raciocínio, uma vez que na garantia autónoma prepondera a função de garantia. Apesar disso, é mister recusar liminarmente a utilização da fiança para explicar a razão de ser deste instrumento contratual[130]. Deste modo, julgamos ser defensável afirmar que a garantia prestada será um sucedâneo de um depósito em dinheiro ou valor nas mãos do credor, o que não é sinónimo de uma utilização arbitrária da garantia pelo credor[131].

Cumpre salientar, desde já, que a garantia autónoma, contrariamente ao que sucede no direito alemão, não é, entre nós, um verdadeiro negócio abstracto. Ao derrogar o princípio da acessoriedade da fiança, as partes procuram desligar a garantia da relação principal, autonomizando-a, por forma a que o seu funcionamento seja automático, eficaz e seguro, proporcionando maior celeridade e a máxima confiança aos agentes económicos na vida dos negócios[132]. Na verdade, apesar de ser comum ver afirmada a abstracção da garantia autónoma, é certo que esta tem vindo a ser aceite no nosso ordenamento jurídico. Assim, tem sido entendido que, à imagem da fiança, a garantia autónoma é um negócio causal porque visa uma função de garantia, objectivada no contrato[133]. Essa função de garantia está plasmada no objectivo de assegurar o cumprimento do contrato-base.

A diferença entre ambas as modalidades de garantia residirá na circunstância de a primeira ser autónoma, dado que não depende da

[129] GIUSTI, *La fideiussione e il mandato di credito,* cit. p. 331.

[130] Sublinhe-se que JANUÁRIO GOMES, *Assunção fidejussória de dívida,* cit., p. 74 entende que, em caso de dúvida sobre a específica garantia prestada – garantia autónoma ou fiança – deve entender-se haver fiança. No campo das garantias autónomas, em caso de dúvida, dever-se-á entender que a garantia não foi prestada à primeira solicitação.

[131] FRANCISCO CORTEZ, *A Garantia Bancária Autónoma – alguns problemas,* cit., pp. 597-600. Bem vistas as coisas, este tipo de garantia limita-se a derrogar a regra da acessoriedade existente na fiança. Neste sentido, LUÍS MENEZES LEITÃO, *Garantias das Obrigações,* cit., p. 152-153, BÜLLOW, *Rech der Sicherheiten,* cit., Nm 1552.

[132] CALVÃO DA SILVA, *Garantias acessórias e garantias autónomas*, cit. p. 336.

[133] GALVÃO TELLES, *Garantia Bancária Autónoma,* cit., p. 288, ROMANO MARTINEZ/ FUZETA DA PONTE, *Garantias de Cumprimento,* cit, p. 131.

validade e eficácia do contrato a que se reporta, enquanto que a fiança, por seu turno, é acessória, visto que está subordinada a essa validade e eficácia da obrigação principal que visa garantir[134]. Tal é o que resulta do disposto no art. 632.º, n.º 1. Todavia, cumpre salientar que essa regra conhece uma excepção, dado que o art. 632.º, n.º 2 dispõe que se a obrigação principal for anulada devido a incapacidade ou falta ou vício da vontade do devedor, a fiança não deixará de ser válida se o fiador tiver conhecimento da causa da anulabilidade ao tempo em que a fiança foi prestada.

Deste modo, no seguimento deste entendimento, é possível defender que o pagamento poderá ser recusado em determinadas circunstâncias, como sucederá nos casos de extinção da garantia por cumprimento, resolução ou caducidade, às quais se devem acrescentar as situações em que se verifique a existência de fraude manifesta ou abuso de direito por parte do credor[135].

No que tange à destrinça com o mandato de crédito, somos do entendimento que, mau grado ambos os instrumentos configurarem relações triangulares, as figuras distinguem-se, antes do mais, pela sua função. Enquanto que o mandato de crédito, regra geral, será enquadrável como uma operação instrumental para a concessão de crédito, na garantia autónoma sobressairá a sua função de garantia, i.e., a sua função de acautelar o eventual incumprimento daquele que é garantido.

---

[134] Galvão Telles, *Manual dos contratos em geral,* Coimbra: Coimbra Editora, 2002, p. 513. Similarmente, no tocante à destrinça entre garantia autónoma e fiança, Romano Martinez/Fuzeta da Ponte, *Garantias de Cumprimento,* cit, pp. 122-123,. Lwowski/Merkel, *Kreditsicherheiten,* cit., p. 64. Note-se, porém, que á luz do Direito alemão, Larenz/Canaris, *Lehrbuch des Schuldrechts,* cit., p. 77, tendo como fundamento a maior perigosidade da garantia autónoma, defendem a aplicação analógica do § 766 BGB sujeitando a garantia autónoma à forma da fiança. Similarmente, no direito pátrio, Luís Menezes Leitão, *Direito das Obrigações,* vol. II, cit., p. 333 e também em Luís Menezes Leitão, *Garantias das Obrigações,* cit., p. 155 defende a necessidade de ser exigida a forma escrita para a declaração do vinculado à garantia autónoma.

[135] Luís Menezes Leitão, *Garantias das Obrigações,* cit., p. 156-157, Galvão Telles, *Garantia Bancária Autónoma,* cit. p. 289-290, Mónica Jardim, *A garantia autónoma,* cit., p. 288. Similarmente, Carrasco Pereira/ Cordero Lobato/ Marín López, *Tratado de los Derechos de Garantía,* cit. p. 339, referindo que, apesar da falta de acessoriedade da garantia (por contraposição à fiança, bem entendido), o garante pode opor ao beneficiário a excepção de abuso ou fraude. Na sugestiva expressão de Calvão da Silva, *Garantias acessórias e garantias autónomas*, cit. p. 343 estamos perante casos em que se sente a necessidade de abrir "válvulas de ventilação da justiça".

Adicionalmente, e conforme veremos melhor adiante, a responsabilidade do autor do encargo é derrogável mediante acordo das partes nesse sentido, dado que mais não é do que uma mera consequência derivada da lei. Ora, no tocante à garantia autónoma, a responsabilidade daquele que presta a garantia é conatural, *rectius,* imanente, deste instrumento e, consequentemente, caso a assunção desta responsabilidade não se verificasse, não poderíamos afirmar estarmos perante uma verdadeira garantia autónoma.

4. **Cartas de conforto**

Cabe agora tecer algumas breves considerações acerca das cartas de conforto (*"confort letters", "lettres d'intention", "lettere di patronage", "Patronatserklärungen"*). Numa primeira aproximação, diremos que se trata de uma carta que alguém dirige a outrem com o fito de facilitar a pretensão de um terceiro. Regra geral, estas cartas são subscritas por uma sociedade comercial e têm como destinatário um banco, visando facilitar determinado financiamento a conceder por este a uma outra sociedade que a primeira controla ou na qual tem, pelo menos, fortes interesses[136]. Trata-se, pois, de uma figura de ampla difusão no seio de grupos de sociedades comerciais.

As cartas de conforto surgiram na prática financeira norte-americana com um valor predominantemente moral ou de confiança. Baseavam-se, sobretudo, em acordos de cavalheiros e tinham como vantagem o facto de serem respeitadas devido ao temor do descrédito no grupo social a que as partes pertenciam, uma vez que, dada a velocidade de circulação de informação nesse contexto, a perda de credibilidade em futuras relações poderia determinar a desconsideração da parte faltosa[137]. Adicionalmente, em comparação com a fiança, as cartas de conforto têm a vantagem de permanecer ocultas, não tendo de ser evidenciadas no balanço, sendo que, na maioria dos países, a carta de conforto não tem sido alvo da mesma

[136] PINTO MONTEIRO/JÚLIO GOMES, *Sobre as cartas de conforto na concessão de crédito,* cit. p 414-415. LWOWSKI/MERKEL, *Kreditsicherheiten,* cit., p. 67 sublinham o facto, na maioria dos casos, estas cartas serem concedidas entre sociedades em relação de grupo.

[137] Assim ANDRÉ NORONHA, *As cartas de conforto,* Coimbra: Coimbra Editora, 2005, pp. 16-17. No mesmo sentido, DOMINIQUE LEGEAIS, *Les Suretés*, cit., p. 294.

tributação que incide sobre a fiança, o que a torna, desde logo, mais vantajosa no plano fiscal[138].

Devido à grande variedade de declarações que as cartas de conforto podem conter, há que atentar, desde logo, que a finalidade do conforto (*"patronage"*) não põe problemas de licitude ou ilicitude perante normas imperativas, próprias de institutos civilísticos típicos que lhe sejam contíguos e que sejam expressão de interesses superiores do ordenamento. A análise *in concreto* do conteúdo das declarações constantes da carta (e de eventuais acordos conexos) não deve ser levada a cabo com um espírito que não esteja impregnado prejudicialmente com o mito da tipicidade, mas segundo cânones hermenêuticos tendentes à reconstrução da vontade das partes[139]. Trata-se, pois, de procurar acentuar ao máximo – e dentro do possível – a natureza contratual das cartas de conforto. Note-se também que, sendo estas cartas declarações unilaterais, estas regras de interpretação ser-lhe-ão aplicáveis *ex vi* art. 294.º.

Seguindo o ensinamento de MENEZES CORDEIRO, mau grado a variedade de situações[140] que as cartas de conforto podem consubstanciar, estas poderão ser reconduzidas a três constelações típicas: o conforto fraco, o conforto médio e o conforto forte[141].

Assim, na carta de conforto fraco, o emitente estabelece a relação de participação existente entre ele e a sociedade participada e apresenta tal relação com um mínimo de estabilidade. Já na carta de conforto médio, o emitente, além da parte informativa faz ainda uma declaração negocial vinculando-se a actuações de meios. Neste caso surgirão deveres específicos, mas de *facere*. E dentro destes, as obrigações correspondentes

---

[138] LUÍS MENEZES LEITÃO, *Garantias das Obrigações,* cit., p. 161, ROMANO MARTINEZ/FUZETA DA PONTE, *Garantias de Cumprimento,* cit, p. 153. CALVÃO DA SILVA, *Cartas de conforto,* in *Estudos de Direito Comercial (pareceres),* Coimbra: Almedina, 1996, pp. 363-394 (p. 372-373), por seu turno, aponta também como razões do recurso às cartas de conforto razões internas, designadamente o facto de a carta de conforto poder ser firmada pelo administrador delegado, e razões de prestígio, imagem e discrição, consistente no facto de a casa mãe, cabeça do grupo, não querer exteriorizar a prestação de garantias fidejussórias de dívidas das controladas, coligadas e participadas, para não lesar a imagem externa de solvabilidade e fiabilidade do grupo.

[139] MAZZONI, *Lettere di patronage, mandato di credito e promessa del fatto del terzo* in BancaBT, Ano XLVII (1984), Parte Seconda, pp. 333-383 (p. 344).

[140] Para um breve levantamento de alguns exemplos das várias declarações possíveis, cfr. MAZZONI, *Le lettere di patronage*, cit. pp. 53-64 e ANDRÉ NORONHA, *As cartas de conforto,* cit., pp. 29-54.

[141] *Das cartas de conforto no Direito Bancário*, Lisboa: Lex, 1993, pp. 69-70.

são de meios. Finalmente, na carta de conforto forte, o emitente sempre para além dos aspectos informativos, assume declarações negociais de resultado. Os deveres específicos são, pois, de *dare*.

Para além de cobrirem uma enorme multiplicidade de situações[142], as cartas de conforto são dotadas de uma grande ambiguidade que, no mais das vezes, se deve à própria ambiguidade das motivações dos sujeitos que a elas recorrem[143].

No que diz respeito ao seu regime jurídico, é forçoso salientar o facto de, em virtude da grande multiplicidade de situações que pode abarcar, o incumprimento da carta de conforto tende a variar em função do tipo de conforto com que nos depararmos. Em todo o caso, parece ser indesmentível que a parte informativa das cartas de conforto deve ser fidedigna, sob pena de gerar responsabilidade civil nos termos do art. 485. CC. Adicionalmente, o dever de manter uma participação estável, ou de prevenir com alguma antecedência o banco da verificação de alterações nesse nível também dará lugar a responsabilidade civil contratual.[144].

Conforme salienta Mazzoni, no que concerne à delimitação de fronteiras entre as cartas de conforto e o mandato de crédito, haverá apenas que atentar no facto de, comummente, as partes recorrerem ao elemento central da factiespécie do mandato de crédito, o que conduz ao facto de o banco garantir que concederá crédito a um terceiro[145]. Na verdade, a carta de conforto e o mandato de crédito assemelham-se devido ao facto de constituírem instrumentos destinados a promover ou facilitar certas

---

[142] Dentre essa multiplicidade de situações nada obstará a que as cartas de conforto contenham mandatos de crédito. Neste particular concordamos com Carrasco Pereira/ Cordero Lobato/ Marín López, *Tratado de los Derechos de Garantía*, cit. p. 309, quando afirmam que as cartas de conforto não se podem confundir com mandatos de crédito ou estipulações a favor de terceiro ou obrigações de resultado.

[143] Pinto Monteiro/Júlio Gomes, *Sobre as cartas de conforto na concessão de crédito,* cit. p 438.

[144] Menezes Cordeiro, *Das cartas de conforto no Direito Bancário*, cit. p. 71. Romano Martinez/Fuzeta da Ponte, *Garantias de Cumprimento,* cit, p. 157-158, preferem distinguir três tipos de conforto: o conforto fraco, o conforto médio e fianças encapotadas, isto é fianças derivadas de mandato de crédito ou outra garantia pessoal. Luís Menezes Leitão, *Garantias das Obrigações,* cit., p. 163-164, prefere distinguir entre conforto fraco e conforto forte. No mesmo sentido, Januário Gomes, *Assunção fidejussória de dívida,* cit., p. 410, Calvão da Silva, *Cartas de conforto,* in *Estudos de Direito Comercial (pareceres),* Coimbra: Almedina, 1996, pp. 378-394, Büllow, *Rech der Sicherheiten,* cit., Nm. 1621-1623, Larenz/Canaris, *Lehrbuch des Schuldrechts,* cit., p. 82-84, Reinicke/Tiedtke, *Kreditsicherung,* cit., p. Nm. 427-432.

[145] Mazzoni, *Le lettere di patronage*, cit. p. 136.

operações creditícias, compartilhando algo que poderia descrever-se como uma "não indiferença" do mandante ou do emitente relativamente ao cumprimento, por parte do beneficiário, das obrigações assumidas perante o banco[146].

De qualquer modo, há que ter em consideração que não devem ser considerados juridicamente irrelevantes os pedidos ou solicitações do emitente da carta (*patronnant*) tendentes à concessão de crédito ao patrocinado. Essas solicitações deverão ser consideradas como fontes de responsabilidade contratual (mas nunca como uma obrigação de cariz fidejussório)[147]. Conforme refere Mazzoni, não se aplicarão a essa situação as regras que disciplinam o mandato de crédito, uma vez que há que dar maior relevância à iniciativa do emitente da carta, em detrimento de uma vontade directa de assunção dessa obrigação. Todavia, é de crer que se pode considerar como académica ou pouco realista a situação em que seja a banca a assumir a iniciativa, propondo obrigar-se a conceder crédito à sociedade controlada (do emitente da carta), cedendo, mediante confirmação da sociedade dominante, uma carta de encargo (*"lettera di incarico"*) nesse sentido[148].

Esta iniciativa poderá ser interpretável de dois modos distintos: (i) pode procurar qualificar-se a iniciativa do emitente da carta como um negócio que se limite a autorizar a execução por parte do autorizado (o patrocinado), mas com a assunção da obrigação e da responsabilidade prometida pela autorizante em caso de execução espontânea da actividade gestória (*"lato sensu"*) da parte do autorizado; ou (ii) proceder à qualificação de uma promessa unilateral condicionada a uma prestação em benefício da promitente[149].

Todavia, há que atentar no facto de o mandato de crédito ter de ser necessariamente anterior à concessão do crédito pelo banco, enquanto que as cartas de conforto podem ser emitidas posteriormente, pelo que a semelhança entre as figuras subsiste, pelo menos nos casos em que as cartas de conforto visam a obtenção de crédito pela filial[150].

---

[146] Arcos Vieira, *El mandato de crédito*, cit. p. 276. A autora complementa a afirmação salientando que, de um ponto de vista prático, as figuras constituem instrumentos a ser utilizados por sujeitos dotados de um poder económico considerável.

[147] Mazzoni, *Lettere di patronage, mandato di credito e promessa del fatto del terzo,* cit. p. 354.

[148] Mazzoni, *Le lettere di patronage*, cit. p. 136.

[149] Mazzoni, *Le lettere di patronage*, cit. p. 140-141.

[150] Arcos Vieira, *El mandato de crédito*, cit. p. 277.

Assim, de uma forma sumária, poder-se-á dizer que é possível, sem cair na área da irrelevância jurídica, atribuir à iniciativa do emitente da carta de conforto um significado negocial, sem ter de, necessariamente, cair na figura do mandato de crédito. Adicionalmente, a execução espontânea da actividade autorizada e da prestação devida *in conditione* pelo promitente criará sempre uma obrigação e uma situação de responsabilidade a cargo de quem dá a autorização ou do promitente. Sucede é que, não caindo estas situações nas malhas do mandato de crédito, tais obrigações não serão determinadas *ex lege* mediante assimilação à posição do fiador. Dito de outro modo, esta situação deverá ser reconduzida às obrigações e responsabilidades inerentes à própria emissão da carta de conforto[151].

À partida, como directriz interpretativa, o entendimento de MAZZONI conduz a resultados satisfatórios. Conforme facilmente se intui, o entendimento acabado de expor tem como uma das suas principais virtualidades procurar evitar, ao máximo, que as regras disciplinadoras do mandato de crédito sejam aplicáveis, o que, bem vistas as coisas, equivale a dizer que procura dar carta de alforria às cartas de conforto enquanto instrumento jurídico autónomo.

Da nossa parte, limitamo-nos a salientar que será sempre atendendo ao texto de determinada carta que poderemos indagar acerca da existência de um mandato de crédito inserido numa carta de conforto. Isto equivale a dizer que será sempre um problema de interpretação das declarações de vontade negocial[152]. Temos perfeita noção que esta tomada de posição implica o risco de um grande casuísmo. Contudo, atendendo à grande amplitude de situações a que as cartas de conforto visam acorrer, entendemos que, salvo melhor e mais aturada reflexão, esta será a tomada de posição mais consentânea com a grande fluidez que as cartas de conforto podem ter[153].

---

[151] MAZZONI, *Le lettere di patronage*, cit. p. 141-142.

[152] Conforme ensinam LARENZ/CANARIS, *Lehrbuch des Schuldrechts*, cit., p. 84, a distinção entre cartas de conforto fraco (*"weicher Patronatserklärung"*) e cartas de conforto forte (*"harter Patronatserklärung"*) é um problema de interpretação. *Mutatis mutandis*, o mesmo terá de ser defendido no que concerne à destrinça entre carta de conforto e mandato de crédito. No mesmo sentido pronuncia-se ALBERTO FIGONE, *Mandato di credito*, cit., p. 190, 1ª, coluna.

[153] Neste sentido ARCOS VIEIRA, *El mandato de crédito*, cit. p. 279. A autora, IDEM, *ibidem*, cit., p. 280 chama a atenção para o facto de as diferenças entre mandato de crédito e cartas de conforto ser facilmente apreensível nas cartas de conforto fraco, não excluindo a hipótese de haver uma verdadeira identificação quando as cartas de conforto se limitem a reproduzir um acordo prévio entre o emitente e o destinatário da carta recondutível ao mandato de crédito.

§ 6. O regime legal do mandato de crédito

1. Terminologia utilizada

Até ao presente momento, temos procedido à utilização indiscriminada dos termos "mandante" e "mandatário". Tal deve-se, sobretudo, ao facto de termos feito uma breve descrição do enquadramento legal do mandato de crédito noutros ordenamentos jurídicos, bem como termos efectuado um breve levantamento do entendimento da doutrina estrangeira relativamente ao mandato de crédito.

Conforme tivemos oportunidade de verificar, aquando dos estudos preparatórios do actual CC, foi salientado o facto de o mandato de crédito não ser recondutível, na íntegra, nem à figura da fiança nem à figura do mandato. Por esse motivo, cremos ser útil e adequado, de ora em diante, referir-nos, apenas, a autor do encargo e a encarregado, de forma a evitar a utilização das expressões mandante e mandatário de uma forma que não seja tecnicamente correcta[154]. A favor da terminologia utilizada, joga, também, o facto de se tratar daquela que é utilizada pelo legislador, pelo que não vislumbramos qualquer necessidade de nos afastar dos termos plasmados no CC.

2. Enquadramento do mandato de crédito nas garantias especiais das obrigações

O mandato de crédito, entre nós, está regulado na secção relativa à fiança, que, por seu turno, está incluída no capítulo das garantias especiais das obrigações constante do Livro das Obrigações.

---

[154] Calvão da Silva, *Mandato de crédito e carta de conforto,* cit., para evitar essa incorrecção optou pela utilização das expressões "mandante" e "mandatário". Note-se que, p. ex., Bragantini, *Il mandato di credito,* cit., p. 8, preferiu utilizar indiferentemente as expressões mandato, mandante e mandatário, a propósito do mandato de crédito.

Assim, antes do mais, afigura-se conveniente enquadrar a figura no âmbito das garantias especiais das obrigações, uma vez que, a partir do momento em que o legislador prescreve que o autor do encargo, uma vez aceito o encargo, responde como fiador, resulta inequívoco que, em virtude da remissão para as regras fidejussórias, estamos perante uma figura que vive a paredes meias com as garantias pessoais das obrigações.

Na preclara lição de PAULO CUNHA, o segredo da garantia das obrigações residiria no facto de serem facultados os meios necessários para que o credor possa ir buscar os valores patrimoniais necessários para o pagamento se efectivar[155]. Assim, de acordo com o preceituado pelo art. 817.º, não sendo a obrigação voluntariamente cumprida, o credor tem o direito de exigir judicialmente o seu cumprimento e de executar o património do devedor[156].

Deste modo, é comum a afirmação de que o património do devedor constitui a garantia geral, ou comum, dos credores. Esta afirmação encontra sólidos alicerces no art. 601.º [157], donde resulta que, em princípio, respondem pela dívida todos os bens penhoráveis existentes no património do devedor.

---

[155] *Da garantia das obrigações,* I, cit., p. 18.

[156] Conforme refere JANUÁRIO GOMES, *Assunção fidejussória de dívida,* cit., pp. 14-15, o art. 601.º, ao estabelecer que os bens do devedor susceptíveis de penhora respondem pelo cumprimento da obrigação, está em perfeita consonância como o art. 817.º, dado que está simultaneamente a dizer que o património do devedor é garantia dos credores e a expressar que os bens que integram esse património respondem pelo cumprimento da obrigação, pelo que, a partir desse momento, será algo ocioso discutir se a responsabilidade patrimonial é garantia ou faz parte dela. Em qualquer caso, saliente-se a posição negativista de FRAGALI, *Garanzia,* cit., p. 452, 2.ª coluna, para quem os bens do credor são apenas os meios que o ordenamento jurídico coloca à disposição do credor para a acção executiva, sendo que, adicionalmente, é a força do vínculo obrigatório que põe à disposição do credor o bens do seu devedor, de modo a que a obrigação não tenha algo de potestativo *ex parte debitoris* e o devedor não possa subtrair-se ao cumprimento a seu bel prazer, de modo a que a realização do interesse do credor não fique à mercê do devedor. Da nossa parte, seguindo a lição de PAULO CUNHA, *Da garantia das obrigações,* I, cit., p. 22 e LUÍS MENEZES LEITÃO, *Garantias das Obrigações,* cit., p. 74-75, somos do entendimento que a integração da responsabilidade patrimonial nas garantias das obrigações é justificada, uma vez que a faculdade atribuída pela lei ao credor de executar o património do devedor representa uma forma de assegurar ao credor a realização do seu direito.

[157] *Summo rigore*, cabe notar que a garantia geral ou comum das obrigações torna-se efectiva mediante execução (art. 817.º), sendo que apenas as obrigações naturais (cfr. art. 404.º) são insusceptíveis de execução judicial.

Como consequência desta garantia geral, temos o art. 604.º, n.º 1 a prever que, não havendo causas legítimas de preferência, os credores têm o direito de ser pagos proporcionalmente pelo preço dos bens do devedor, quando o património deste não consiga satisfazer integralmente os débitos.

Este princípio da paridade de credores explica que, não raras vezes, o credor, com o objectivo de obter uma vantagem, *rectius*, uma causa de preferência defronte dos restantes credores, que lhe permita ser tratado *ex lege* diferentemente dos simples credores quirografários e em igualdade apenas com credores colocados na mesma situação jurídica, procure obter uma garantia especial[158].

Assim, paralelamente a esta garantia geral, podem constituir-se garantias especiais, que tenham como objecto bens específicos do património do devedor ou bens de terceiro e que se destinam a assegurar, de modo particular, a satisfação dos direitos do credor. Ou seja, a garantia especial das obrigações mais não é do que o reforço da massa responsável com providências que respeitam a obrigações determinadas, aumentando, quanto a estas obrigações, os bens responsáveis[159]. Estas garantias podem ser garantias pessoais ou garantias reais.

A garantia pessoal[160] é um reforço da garantia geral das obrigações que torna responsável, perante o devedor, outra pessoa através da adjunção de um novo património pelo qual o credor se pode satisfazer. Ou seja, a característica da garantia pessoal radica no facto de responderem pela obrigação dois ou mais patrimónios, mas patrimónios pertencentes a pessoas diferentes, sem que, quanto à obrigação assegurada, essas pessoas sejam todas reais devedores[161].

---

[158] Calvão da Silva, *Mandato de crédito e carta de conforto,* cit. p. 244-245.

[159] Paulo Cunha, *Da Garantia das Obrigações*, II, cit., p. 3, Luís Menezes Leitão, *Garantias das Obrigações,* cit., p. 108.

[160] Como nota de curiosidade, refira-se que no elenco de garantias pessoais efectuado por Manuel Castelo Branco, *A Garantia bancária autónoma no âmbito das garantias especiais das obrigações,* in ROA 53 (1993), pp. 61-83 (p. 63) não consta o mandato de crédito. Cremos que tal só sucederá devido a lapso ou devido ao facto a responsabilidade como fiador do autor do encargo avultar e, consequentemente, o mandato de crédito ser preterido relativamente à fiança.

[161] Paulo Cunha, *Da Garantia das Obrigações*, II, cit., p. 13. Note-se que o autor, Idem, *ibidem,* cit., a p. 14, observava que a garantia pessoal é uma reprodução da garantia geral, uma vez que consiste no processo de se declarar que uma pessoa é responsável, a seguir reconhecer que o credor tem poder sobre os bens e, finalmente, a garantia consistir em toda a esfera patrimonial da pessoa em questão.

A garantia real, por seu turno, encontra o seu cerne na vinculação ou afectação de bens quer do próprio devedor quer de terceiro ao pagamento preferencial de certas dívidas[162]. Obviamente, esta afectação coloca problemas de tutela de terceiros, que podem ignorar a existência da garantia, pelo que, regra geral, é imperioso assegurar alguma publicidade relativa à sua constituição. Essa publicidade pode fazer-se de várias formas, como sejam o caso da publicidade registral, conforme sucede nos casos da hipoteca ou da consignação de rendimentos, da atribuição da posse sobre a coisa ao credor, *maxime* nos casos do penhor de coisas e do direito de retenção[163].

3. **Mandato de crédito: uma definição**

Chegados a este ponto, e uma vez efectuado o enquadramento do mandato de crédito no universo das garantias especiais das obrigações, cabe proceder à análise da figura à luz do ordenamento jurídico pátrio.

Todavia, antes do mais, e tendo como ponto de partida o art. 629.º, n.º 1, julgamos ser conveniente procurar avançar, a título meramente perfunctório, com uma definição de mandato de crédito, com o fito de traçar o horizonte da investigação subsequente. Deste modo, teremos como ponto de partida a seguinte definição: o mandato de crédito é o contrato através do qual uma parte se vincula perante a (e por encargo da) outra a dar crédito a terceiro em nome próprio e por conta própria[164].

---

[162] PAULO CUNHA, *Da Garantia das Obrigações*, II, cit., pp. 112-113.

[163] De qualquer modo, cumpre salientar que algumas garantias não gozam de qualquer publicidade, como sucede nos privilégios creditórios, na reserva de propriedade sobre bens não registáveis e na alienação fiduciária em garantia desses bens.

[164] Trata-se da definição avançada por CALVÃO DA SILVA, *Mandato de crédito e carta de conforto,* cit. p. 249. Em termos similares, FRAGALI, *Fideiuissione – Mandato di credito* in *Commentario del Códice Civile a cura di António Scialoja e Giuseppe Branca,* Bolonha: Nichola Zanichelli Editore, 1964, p. 531, chamando a atenção para o facto de a noção de mandato de crédito não poder ter por base o encargo ou qualificação como responsável do autor do encargo, prefere salientar que o mandato de crédito caracteriza-se pela existência de uma obrigação de conceder crédito a um terceiro, como negócio próprio do encarregado e, do outro lado, uma obrigação de, por via subsidiária, cumprir o débito que o terceiro verá surgir quando for realizado o crédito. Já LÉON ALONSO, *El mandato de crédito,* cit., p. 1084, define o mandato de crédito como o contrato pelo qual uma pessoa, em virtude do mandato conferido por outra, obriga-se a conceder crédito a

Com efeito, tal definição apresenta-se em conformidade com a realidade que subjaz ao mandato de crédito, uma vez que, num primeiro momento, o autor do encargo cumpre a tarefa de criar a aparência de solvência económica e da existência de meios capazes de gerar a confiança do encarregado, enquanto que, num segundo momento, surgirá a obrigação fidejussória – meramente eventual – destinada a garantir o crédito concedido pelo encarregado ao terceiro[165].

Assim, é chegada a hora de procurar abordar as principais questões que esta figura suscita, traçando, assim, os seus elementos essenciais à luz do ordenamento jurídico português.

4. **Acordo entre autor do encargo e encarregado**

O primeiro dos elementos essenciais do contrato de mandato de crédito é a existência de um acordo contratual entre autor do encargo e encarregado que tenha como fito a concessão de crédito por parte do encarregado, crédito esse que deverá ser concedido por sua conta e risco[166].

Assim, julgamos ser indiscutível que não poderemos estar perante um simples pedido ou sugestão dirigido ao interlocutor, ficando a contraparte inteiramente livre para conceder ou não o crédito solicitado ou sugerido[167]. É imperioso que a proposta contratual do autor do encargo exprima a intenção de obrigar-se e, consequentemente, vise provocar uma resposta vinculante do encarregado. Este, por seu turno, deve obrigar-se

---

um terceiro, em nome e por conta próprios, ficando o autor do encargo, por seu risco e em via subsidiária, obrigado ao cumprimento da obrigação resultante a cargo do terceiro, na dependência do crédito que será concedido.

Temos perfeita noção que *Omnis definitio in iure civili periculosa est: parum enim est enim, ut non subverti posse* (D. 50, 17, 202), daí que não ensaiemos uma segunda definição para esta figura. Não ignoramos, conforme salienta Belvedere, *Il problema delle definizione nel Codice Civile*, cit., p. 17-18 que o trecho acabado de citar tem um significado obscuro, não só aquando da época em que foi redigido, mas também nos séculos que se seguiram, em virtude das várias incertezas acerca do significado da palavra *definitio*, que poderia ser entendida como *regula iuris* (princípio jurídico geral e sintético), bem como "definição", no sentido actual da palavra.

[165] Em modo similar. Léon Alonso, *El mandato de crédito,* cit., p. 1096.

[166] Giusti, *La fideiussione e il mandato di credito,* cit., pp. 308-309, Fragali, *Fideiuissione – Mandato di credito*, cit., p. 547.

[167] Calvão da Silva, *Mandato de crédito e carta de conforto,* cit. p. 249.

de modo a que conceda crédito ao terceiro através dos meios e formas impostos pelo autor do encargo. Dito de outro modo, é mister que do encontro de vontades do autor do encargo e do encarregado resulte a expressão do interesse próprio daquele, sendo que esse interesse deve exprimir o facto de o autor do encargo ser o *dominus* da operação[168]. Efectivamente, no centro lógico e económico do negócio, *rectius*, no complexo de negócios, encontra-se o autor do encargo, pois o mais das vezes será o financiador da operação. Isso mesmo resulta da prática bancária quotidiana e dos negócios em geral[169].

Estamos, assim, perante um negócio jurídico bilateral, pelo que o mandato de crédito tem-se por concluído, entre presentes, no momento da formação do consenso e, entre ausentes, considera-se perfeito quando o proponente do encargo receba a sua aceitação pela outra parte, nos termos do art. 224.º, n.º 1 que, como é consabido, aderiu à teoria da recepção da declaração[170].

Cabe, ainda, indagar acerca da forma exigida para estas declarações de vontade. Neste particular, *a priori*, dispomos de duas alternativas: aplicar o art. 628.º ou, pelo contrário, aplicar as regras relativas ao mandato, que não estabelecem qualquer requisito de forma para este contrato[171].

Para proceder à aplicação do art. 628.º, n.º 1, afigura-se necessário proceder à ponderação da posição de quem responde fidejussoriamente, sendo que essa situação levaria, forçosamente, à necessidade de aplicar o art. 628.º, n.º 1, em virtude da responsabilização fidejussória do autor do encargo, sendo que essa aplicação deveria ser feita tendo em conta as especificidades e especialidades da figura[172].

---

[168] PINTO MONTEIRO/JÚLIO GOMES, *Sobre as cartas de conforto na concessão de crédito* in AAVV, *Ab Uno ad Omnes – 75 anos da Coimbra Editora*, Coimbra: Coimbra Editora, 1998 pp. 413-467 (p. 430). Na expressão de LEON ALONSO, *El mandato de crédito,* cit., p. 1090, o autor do encargo é o verdadeiro *dominus* do negócio em virtude de criar uma estrutura negocial, no seu próprio interesse, assumindo os riscos daí derivados.

[169] SIMONETTO, *Mandato di credito (voce)*, cit., p. 152 (2.ª coluna).

[170] CALVÃO DA SILVA, *Mandato de crédito e carta de conforto,* cit. p. 250.

[171] Conforme salientam PIRES DE LIMA/ANTUNES VARELA, *Código Civil Anotado*, vol. I, cit., p. 647, os problemas relativos à regulamentação do mandato de crédito, deverão ser resolvidos recorrendo, sobretudo, às soluções consagradas para os problemas análogos que surgem dentro da fiança ou do mandato.

[172] JANUÁRIO GOMES, *Assunção fidejussória de dívida*, cit. p. 487. O autor chama ainda a atenção para a diferente inserção sistemática do art. 629.º em comparação com o

Da nossa parte, somos do entendimento que o mandato de crédito não carece de forma especial. Na verdade, uma vez que a responsabilidade fidejussória do autor do encargo é consequência de uma mera remissão legal e, adicionalmente, o autor do encargo prossegue e realiza um interesse próprio na prestação de crédito a terceiro, julgamos que a maior proximidade das regras do mandato justifica a afirmação da consensualidade do mandato de crédito, que não é afastada pelo disposto no art. 629.º CC. Efectivamente, essa maior proximidade, a par do facto de a responsabilidade fidejussória ter na sua origem uma mera remissão legal[173], aponta para a defesa do carácter consensual do mandato de crédito. Deste modo, as partes não estão obrigadas a observar os requisitos de forma exigidos para a obrigação principal.[174][175].

---

§ 778 BGB e com a autonomia formal dos arts. 1958 e 1959 CCIt. Salvo o devido respeito, este argumento não procede, pelo que não conseguimos retirar uma maior simpatia fidejussória do CC pelo mandato de crédito. A este facto acresce que, conforme se salienta no texto, a responsabilidade fidejussória é um elemento não essencial do contrato, o que, cremos, minimiza irresistivelmente este argumento de pendor formal.

[173] Trata-se, pois, de um elemento natural do contrato, que mais não é do que um efeito determinado por normas supletivas. Isto equivale a dizer que trata-se de um efeito que os negócios jurídicos não carecem estipular, mas que pode ser excluído através de cláusula que disponha em sentido contrário. Acerca da distinção entre elementos essenciais e elementos naturais do negócio jurídico, cfr., p. ex., GALVÃO TELLES, – *Manual dos contratos em geral,* pp. 254-257.

[174] Neste sentido, LUÍS MENEZES LEITÃO, *Garantias das Obrigações,* cit., p. 139, ROMANO MARTINEZ/FUZETA DA PONTE, *Garantias de Cumprimento,* cit, p. 108-109, CALVÃO DA SILVA, *Mandato de crédito e carta de conforto,* cit. p. 254, CARVALHO FERNANDES, *A conversão dos negócios jurídicos civis*, Lisboa: Quid Juris, 1993, p. 817.

[175] Como nota de curiosidade, atente-se no facto de, no Direito Suíço, com base no art 408/2 CO exigir-se que a declaração do autor do encargo tenha de ser reduzida a escrito, não havendo qualquer exigência para a declaração de aceitação do encarregado. Assim HOFFSTETTER, JOSEF – *Der auftrag und die geschäftsführung ohne Auftrag* in VISCHER (HRSG) – *Schweizerisches Privatrecht, VII, Obligationenrecht Besondere Vertragsverhältnisse*, 2, Basileia-Estugarda: Helbing & Lichtenhann, 1979, pp. 1-219 (p. 111). (*"Der Auftraggeber hat den Auftrag schriftlich zu erteilen. Annahmeerklärung und Antragstellung durch den Beaufragten sind formlos gültig.*"). Refira-se também que o autor, tendo por base a sistemática do CO, enquadra o mandato de crédito na categoria ampla dos mandatos qualificados (*"qualifizierten Aufträge"*). Cfr. IDEM, *Ibidem*, cit, p. 110. No mesmo sentido GUHL, *Das Schweizerische Obligationrecht mit Einschluss des Handels– und Wertpapierrechts,* Zurique: Schultess Polygraphischer Verlag, p. 441, que insere o mandato de crédito na rubrica "Modalidades especiais de mandato" (*"Besondere Arten des Auftrags*").

5. Actuação do encarregado em nome e conta próprios

O segundo dos elementos essenciais do mandato de crédito encontra o seu cerne na obrigação de o encarregado, em seu nome e por sua conta, celebrar um contrato de crédito com o terceiro. Trata-se, na impressiva expressão de Calvão da Silva, do Bilhete de Identidade que identifica o mandato de crédito e o distingue de outros contratos[176]. Conforme facilmente se intui, esta actuação em nome e por conta própria é sinónimo de que os resultados do contrato serão imputados directamente ao próprio património do encarregado[177].

Conforme facilmente se percebe, o mandato de crédito considera-se concluído com a celebração do contrato de crédito com o terceiro, na estrita observância do comportamento devido pelo encarregado. Na verdade, cumpre sublinhar que esse comportamento está balizado pelo encargo conferido pelo autor do encargo, dado que, por via de regra, cabendo-lhe a iniciativa da operação do mandato de crédito, será o seu interesse a comandar toda a operação creditícia e, como tal, está na sua disposição definir o modo pelo qual esta se desenvolverá.

Estamos, pois, perante uma situação de realização da prestação debitória, que mais não é do que um simples acto devido[178], porquanto o encarregado satisfaz o interesse do autor do encargo, libertando-se da dívida e extinguindo a obrigação. Deste modo, resulta meridianamente claro que a celebração do contrato de crédito, sendo um acto devido, não é um acto discricionário, pois deve ir de encontro às directrizes avançadas pelo autor do encargo[179].

Diga-se também que esta qualificação como acto devido permite apreender de forma clarividente o facto de o autor do encargo ser o *dominus* da operação. Com efeito, tendo esta de ser executada de acordo com os ditames do autor do encargo, pareceria exagerado atribuir um

---

[176] Calvão da Silva, *Mandato de crédito e carta de conforto,* cit. p. 250. No tocante ao fenómeno da substituição no cumprimento de actos jurídicos, cfr, p. ex., Luminoso, *Mandato, Commissione, spedizione,* Milão: Giuffrè, 1984, pp. 1-8.

[177] Abbadessa, *Obligo di far credito (voce),* cit. p. 534 (2ª coluna).

[178] Aderimos, neste particular, à qualificação do cumprimento como simples acto jurídico, defendida por Calvão da Silva, *Cumprimento e sanção pecuniária compulsória,* 4.ª ed., Coimbra: Livraria Almedina, 2002, p. 105.

[179] Deste modo não se afigura despicienda a observação de Fragali, *Fideiuissione – Mandato di credito,* cit., p. 565, quando refere que impende sobre o encarregado um dever de cooperação na concessão de crédito.

poder discricionário ao encarregado, de modo a que este celebrasse o contrato de crédito conforme entendesse[180]. Assim se compreende a prevalência que tem sido dada ao interesse do autor do encargo nesta figura contratual. Ter o encargo de conceder crédito significa que o encarregado não deve cumprir, apenas, a obrigação de conceder crédito, mas sim que deve conceder crédito de acordo com as ordens do autor do encargo, estando ao serviço da vontade e do interesse deste[181]. Com efeito, a confluência das regras do mandato leva a que o encarregado tenha de procurar ajustar-se às instruções dadas pelo autor do encargo[182].

Note-se, porém, que não quer isto dizer que o encarregado não disponha de alguma autonomia. Pense-se no caso de o mandato de crédito se desdobrar numa sucessão de actos:

> Caio encarrega Tício de conceder credito, em seu nome e por conta própria, a Augusto. As partes acordam que Tício deverá conceder um mútuo no valor global de € 1.000.000, sendo que esse montante deverá ser disponibilizado a Bento faseadamente, p. ex., em 5 prestações de € 200.000. Adicionalmente, estabelece-se ainda que as *tranches* apenas serão disponibilizadas à medida que o terceiro for cumprindo com certos requisitos[183], requisitos esses que cabe ao encarregado verificar se foram observados.

Em casos similares ao acabado de expor, somos do entendimento que, não se esgotando o mandato de crédito num único acto, deverá o

---

[180] Reportamo-nos, obviamente, à situação normal, ao *id quod plerumque accidit.* Nada impede que, ao abrigo do princípio da autonomia privada, as partes estipulem que o encarregado possa vir a celebrar com um qualquer terceiro um contrato de crédito, em nome e por conta próprio. Todavia, neste caso, cremos que não haverá um mandato de crédito na sua configuração típica. Para poder afirmar-se que há um mandato de crédito, no mínimo, o terceiro teria de ser determinável no momento da celebração do contrato entre autor do encargo e encarregado. Ora, mesmo neste caso, somos do entendimento que não poderemos afirmar estar perante um verdadeiro e próprio mandato de crédito, pois cremos que o terceiro com quem o encarregado celebrará o contrato de crédito terá de ser identificado *ab initio.*

[181] SIMONETTO, *Mandato di credito (voce)*, cit., p. 160 (1.ª coluna).

[182] Neste particular, nota LÉON ALONSO, *El mandato de crédito,* cit., p. 1096, entende que é essa subordinação às instruções do autor do encargo que permite explicar o facto de o autor do encargo assumir os riscos da garantia e da concessão do crédito.

[183] *Rectius*, condições suspensivas.

encarregado gozar de alguma autonomia, cabendo ao autor do encargo concretizar, ou mesmo actualizar de acordo com circunstâncias supervenientes até então desconhecidas, a linha de actuação que pretende do encarregado de modo a acautelar da melhor forma possível os seus interesses[184].

Aliás, conforme se verá melhor *infra*, será este interesse que permite justificar a revogação do mandato de crédito por iniciativa do autor do encargo.

6. **Concessão de crédito pelo encarregado**

O terceiro dos elementos essenciais do mandato de crédito consiste na concessão de crédito pelo encarregado em nome próprio e por conta própria. É mister que o crédito seja concedido em nome e por conta do encarregado. *Prima facie*, o mandatário realiza uma prestação simples: conceder ao terceiro o crédito previsto no contrato celebrado entre este e o autor do encargo[185]. Sendo assim, podemos concluir que a concessão de crédito acaba por ser o elemento fulcral do mandato de crédito, uma vez que ela mais não é do que a tradução da expressão do interesse do autor do encargo na operação[186].

---

[184] Seguimos, neste particular, a linha de raciocínio expendida por JANUÁRIO GOMES *Em tema de revogação do mandato civil,* Coimbra: Livraria Almedina, p. 97. Note-se que, obviamente, tivemos de adaptar *mutatis mutandis* o raciocínio do autor, expendido a propósito do mandato civil.

[185] Conforme salienta FRAGALI, *Fideiuissione – Mandato di credito,* cit., p 552, o mandato de crédito tem por objecto a concessão de crédito. No mesmo sentido, ABBADESSA, *Obligo di far credito (voce),* cit. p. 534 (1ª coluna), HABERSACK, *Anotação ao §778 BGB,* cit., Nm. 3, HORN, *Anotação ao § 778 BGB*, cit, Nm. 2. Já ARCOS VIEIRA, *El mandato de crédito,* cit., pp. 197-198, prefere acentuar que a função creditícia pode ser entendida em dois níveis diferentes. Num primeiro nível, ela resumir-se-ia ao próprio contrato de mandato de crédito: o autor do encargo, ao facilitar a obtenção de crédito por parte de um terceiro, pode ser considerado, tal como o encarregado, como aquele que concede crédito, facto que permitiria englobar o mandato de crédito nos contratos de crédito. Já num segundo nível, a função creditícia resumir-se-ia à actividade ou gestão concreta que o encarregado se compromete a realizar.

[186] Na expressão lapidar de REINICKE/TIEDTKE, *Bürhschaftsrecht,* 2.ª ed., Neuwied und Kriftel: Luchterhand, 2000, p. 15, a concessão de crédito é o sentido e o fim do mandato de crédito (*"Sinn und Zweck"*), i.e, a sua razão de ser, pelo que será esse o motivo que explica que, no mandato de crédito, o autor do encargo terá de ter um interesse próprio na concessão do crédito.

Ademais, uma vez que é necessário que estejamos perante uma actuação por conta própria, se o encarregado conceder o crédito a terceiro em nome e/ou por conta do autor do encargo, não existirá um mandato de crédito na sua tipicidade legal[187]. Com efeito, se a actuação do encarregado for efectuada em nome e por conta do autor do encargo estaremos perante um verdadeiro mandato[188].

Todavia, mesmo neste caso haverá ainda que apurar se a actuação do mandatário se repercute directamente na esfera jurídica do mandante. Se tal ocorrer, estaremos perante um verdadeiro e próprio mandato com representação (art. 1178.º). Note-se, apenas, que para que funcione o mecanismo da representação é imperioso que o mandatário tenha sido investido na qualidade de representante, através do conferimento de poderes de representação, a qual se processará através da procuração.

Na hipótese de não ter havido lugar ao conferimento de poderes de representação, mas desde que o mandatário actue por conta do mandante, estaremos perante um mandato sem representação (art. 1180.º), pelo que o contrato produzirá efeitos na esfera do mandatário, ficando este obrigado através do negócio alienatório específico a transferir para o mandante os direitos adquiridos na execução do mandato.

Fechemos este parêntese momentâneo e regressemos ao mandato de crédito. Há que apurar o que entender por concessão de crédito. A este propósito, são de grande valia os ensinamentos retirados da nossa breve análise de direito comparado efectuada *supra* § 4. A concessão de crédito consiste na prestação ou outorga de crédito de dinheiro: mútuo, abertura de crédito, conta corrente, prorrogação de crédito ou dilação de pagamento

---

[187] CALVÃO DA SILVA, *Mandato de crédito e carta de conforto,* cit. p. 252. Neste sentido, SIMONETTO, *Mandato di credito,* cit., p. 161, 1.ª coluna, refere que caso se previsse uma compensação directa do autor do encargo ao terceiro não poderíamos falar de mandato de crédito.

[188] Ente nós, o contrato de mandato tem dois elementos essenciais decorrentes da definição constante do art. 1157.º CC: a prática de actos jurídicos e a actuação por conta do mandante. No que toca a este segundo elemento, "actuar por conta" é sinónimo de actuar "à custa de". Ou seja, diz respeito à repercussão directa ou indirecta dos efeitos praticados pelo mandatário na esfera do mandante. Adicionalmente, o agir por conta está relacionado com a *occasio* do mandato, i.e. ao realizar a gestão conforme o programado pelo mandante e com os meios que este lhe faculta, o mandatário age por conta daquele. Assim JANUÁRIO GOMES, *Contrato de mandato* in MENEZES CORDEIRO (coordenação), *Direito das Obrigações,* 3.º vol., Lisboa: AAFDL, pp. 263-408 (p. 278), IDEM, *Em tema de revogação do mandato civil,* cit. 92-95.

de uma dívida[189], pelo que, da nossa parte, está afastada a possibilidade de o crédito a conceder consistir na entrega de coisas[190].

Na verdade, cremos que resultará excessivo, bem como desnecessário, entender que se poderá conceder crédito de bens. Aliás, é nosso entendimento que esta posição tem a virtualidade de respeitar a configuração histórica da figura, em que o encarregado se comprometia a celebrar um mútuo com o terceiro, bem como com a própria nomenclatura da figura no Direito Romano: *mandatum pecuniae credendae.* Bem vistas as coisas, trata-se de bens pecuniários e não de coisas (*"res"*)[191].

7. **O mandato de crédito como uma operação triangular**

Uma vez traçadas as linhas gerais que definem o contrato de mandato de crédito, afigura-se-nos ser útil fazer uma breve descrição das várias relações jurídicas que dele emanam. Do que vai exposto, resulta que estamos perante um contrato bilateral[192]. Porém, à imagem do que sucede com a garantia autónoma, estamos perante uma operação triangular[193]. Assim, atendendo ao facto de o autor do encargo ser um elemento

---

[189] Calvão da Silva, *Mandato de crédito e carta de conforto,* cit. p. 252.

[190] Em sentido contrário veja-se, p. ex., Bragantini, *Il mandato di credito,* cit., p. 99. Tendo como ponto de partida que o crédito a conceder deve ser um crédito negociável, o autor conclui que serão enquadráveis nessa noção quer a concessão de crédito monetário quer a entrega de coisas fungíveis ou infungíveis, consumíveis ou não consumíveis.

[191] Não ignoramos que se trata de um argumento de pendor histórico e que, como tal, não avultará em demasia. Acerca da interpretação da expressão "concessão de crédito", cfr., por todos, Vieira, *El mandato de crédito,* cit., pp. 198-212.

[192] Neste sentido, cfr., por todos, Abbadessa, *Obligo di far credito, cit.,* p 534, 1.ª coluna, Fragali, *Fideiuissione – Mandato di credito,* cit. p. 543. Conforme salienta, Graziani, *Il mandato di credito,* cit., p. 52, a obrigação de conceder crédito é objecto de um *pactum de contrahendo cum tertio* de valor limitado às partes e, como tal, não dotado de eficácia real. Contra D'Amelio, *Anotação ao art. 1958,* cit., p. 430, defendendo que estamos perante um contrato com três sujeitos distintos: o autor do encargo, o encarregado e o terceiro a quem o crédito é concedido.

[193] Arcos Vieira, *El mandato de crédito,* cit., p. 187, por seu turno, prefere salientar que, uma vez concedido o crédito, através da entrada em cena do terceiro, produz-se uma relação triangular similar àquela derivada da fiança, uma vez que, do ponto de vista do encarregado, este está vinculado perante os outros dois intervenientes na operação, embora não possa afirmar-se que tenha dois devedores.

comum quer ao mandato que subjaz a toda a operação, quer à responsabilização fidejussória que daí resultará, este será o vértice dessa pirâmide ou, passe a imagem, o seu centro gravitacional.

Na relação entre autor do encargo e encarregado, que designaremos como relação de cobertura[194], temos um acordo mediante o qual o encarregado se obriga a conceder crédito a um terceiro em nome e por conta própria. Apesar de esta actuação em nome próprio obstar, em princípio, à qualificação deste contrato como contrato de mandato, somos do entendimento que serão aplicáveis, primacialmente, as regras relativas ao contrato de mandato[195]. Tal resulta do facto de (i) serem as regras mais consentâneas com a operação em causa e de (ii) termos em consideração o facto de o legislador referir-se à conclusão de um encargo, o que aponta para uma realidade próxima, *rectius,* análoga ao mandato[196].

Todavia, afigura-se conveniente não olvidar que nem todas as regras relativas ao mandato serão aplicáveis ao mandato de crédito[197]. Com efeito, não serão aplicáveis as disposições dos arts. 1181.º e seguintes, dado que o encarregado não tem a obrigação de transferir para o autor do encargo os direitos que adquire na execução do mandato de crédito.

---

[194] Neste particular, adoptaremos, com algumas alterações, a terminologia proposta por Luís Menezes Leitão, *Garantias das Obrigações,* cit., p. 155 a propósito da garantia autónoma.

[195] Conforme refere D'Amelio, *Anotação ao art. 1958,* cit., essas regras serão, em primeira linha, as relativas ao mandato sem representação, uma vez que o encarregado actua em nome próprio, estabelecendo uma relação pessoal entre ele e o terceiro. Dentre as regras aplicáveis, saliente-se o facto de o encarregado ter de atender ao interesse do autor do encargo. Assim, Habersack, *Anotação ao § 778 BGB,* cit., Nm. 7, Horn, *Anotação ao § 778 BGB,* cit., Nm. 8. Similarmente, Simonetto, *Mandato di credito,* cit., p. 160 defende que o encarregado não deve curar, apenas, de conceder crédito ao terceiro, mas sim conceder crédito às ordens e ao serviço da vontade e do interesse do autor do encargo.

[196] Abbadessa, *Obligo di far credito, cit.,* p 535, 1.ª coluna, entende que o encarregado é um verdadeiro mandatário em virtude de ter de realizar a prestação a que está adstrito na observância do interesse do autor do encargo. Já Simonetto, *Mandato di credito,* cit., pp. 154 (2.ª coluna)-155 (1.ª coluna), atendendo à preponderância do interesse do autor do encargo e de, no seu entendimento, o encarregado ter de levar a cabo actos jurídicos, prefere referir-se a uma aproximação (*"accostamento"*) ao mandato. Não muito longe deste entendimento anda Figone, *Mandato di credito,* cit, p. 187 (2.ª coluna).

[197] A propósito dos direitos e deveres de mandante e mandatário, em geral, cfr., p. ex., Menezes Leitão, *Direito das obrigações,* vol. III *Contratos em especial*, 3.ª ed, Coimbra: Livraria Almedina, 2005, pp. 445-448.

Adicionalmente, o encarregado também não terá direito a exigir qualquer adiantamento para despesas antes da concessão de crédito, contrariamente ao que dispõe o art. 1167.º, alínea c), dado que o encarregado, ao executar o mandato de crédito, actua por conta própria[198].

No que toca à relação entre o encarregado e o terceiro, que designaremos como relação de execução, esta será regida pelas regras que disciplinarem o contrato a celebrar. Atendendo à relativa amplitude de situações mediante as quais a concessão de crédito se pode concretizar, resulta assaz difícil definir, à partida, qual o regime legal que disciplinará esta relação, pelo que apenas perante o caso concreto será possível determinar quais as regras que disciplinarão a relação de execução.

Em qualquer caso, afigura-se conveniente, desde já, sublinhar que estamos perante relações jurídicas autónomas. Com efeito, sendo o terceiro estranho no momento preparatório do financiamento, uma vez que só actua na fase de execução do mesmo, i.e., quando o encarregado cumpre a prestação a que está adstrito, há que entender que não será possível a compensação dos créditos do encarregado perante o terceiro com o crédito que o encarregado concede ao terceiro[199].

Finalmente, no que concerne à relação entre o terceiro e o autor do encargo, que designaremos como relação fidejussória, serão aplicáveis primacialmente, as regras relativas à fiança, sendo que o limite da responsabilidade fidejussória do autor do encargo consistirá no crédito a conceder por parte do encarregado[200].

---

[198] Neste sentido, Léon Alonso, *El mandato de crédito,* cit., p. 1096, Arcos Vieira, *El mandato de crédito,* cit., p. 222, salienta que o encarregado não poderá exigir o reembolso dos gastos necessários para a execução do mandato de crédito que se devam repercutir no terceiro. Luís Menezes Leitão, *Garantias das Obrigações,* cit. p. 139, por seu turno, acrescenta que não será aplicável o disposto no art. 1167.º, alínea d), pelo que o encarregado não poderá ser indemnizado pelos prejuízos sofridos em consequência do mandato de crédito. Já Januário Gomes, *Assunção fidejussória de dívida*, cit., p. 484-485, salienta que a responsabilidade do autor do autor do encargo não deixa de ter uma certa similitude com a responsabilidade do mandante nos termos do art. 1167, alíneas c) e d), pelo que será lícito afirmar que o risco da concessão de credito deve recair sobre o autor do encargo.

[199] Marco/Spasiano, *La fideiussione bancaria,* cit., pp. 173-174.

[200] Fragali, *Fideiussione – Mandato di credito,* cit., p. 569. Note-se que o autor, Idem, *Ibidem,* cit., pp. 529-531 tece duras críticas à utilização da expressão "responsabilidade fidejussória", considerando que esta não corresponde a uma terminologia jurídica acertada.

Contudo, estas regras carecem de alguma adaptação, tendo em conta a realidade subjacente. Regra geral, a fiança é um *quid accessorium* relativamente à divida garantida. Tal é o que sucede no mandato de crédito. Sucede que, neste caso, o autor do encargo garante o crédito do encarregado nas condições acordadas, tendo em consideração o interesse do mandante que confere o encargo de conceder crédito[201]. Neste particular, convém distinguir o momento prévio à execução do encargo, em que o autor do encargo responderá como fiador de obrigação futura[202], do momento posterior à execução do encargo, em que serão aplicáveis as regras relativas à fiança.

Em qualquer caso, é mister salientar que não estamos perante uma verdadeira e própria fiança, uma vez que a responsabilização como fiador do autor do encargo mais não é do que a relevância do princípio da indemnidade. Ou seja, devendo o crédito ser concedido pelo encarregado atendendo ao interesse do autor do encargo, julgamos ser lícito afirmar que este deverá suportar os riscos da concessão de crédito[203]. Assim, temos que a responsabilização como fiador do autor do encargo é um sucedâneo da responsabilidade que ele teria se fosse um verdadeiro mandante[204].

---

[201] Neste sentido, SIMONETTO, *Mandato di credito,* cit. p. 160, 2ª coluna. O autor salienta ainda que, no mandato de crédito, a fiança é acessória uma vez que assume um papel preponderante no regulamento dos interesses em causa. LÉON ALONSO, *El mandato de crédito,* cit., p. 1095, considera ser imanente à responsabilidade fidejussória subjacente à concessão do crédito pelo encarregado uma promessa de garantia em favor deste, destinada a cobrir os riscos da possível insolvência do terceiro.

[202] LUÍS MENEZES LEITÃO, *Garantias das Obrigações,* cit. p. 140. BRAGANTINI, *Il mandato di credito,* cit. p. 146, FIGONE, *Mandato di credito,* cit, p. 188 (2.ª coluna), A este propósito, PIRES DE LIMA/ANTUNES VARELA, *Código Civil Anotado,* vol. I, cit., p. 672 referem que o art. 629.º estabelece um regime especial distinto do plasmado no art. 654.º para as obrigações futuras derivadas de um mandato de crédito.

[203] LARENZ/CANARIS, *Lehrbuch des Schuldrechts,* cit., p. 22.

[204] LÉON ALONSO, *El mandato de crédito,* cit., p. 1106, ARCOS VIEIRA, *El mandato de crédito,* cit., pp. 183-184, JANUÁRIO GOMES, *Assunção fidejussória de dívida,* cit., pp. 485-486, salienta, ainda, que a opção pela responsabilização do autor do encargo "como fiador" foi fruto da ponderação do aspecto funcional do mandato de crédito, uma vez que o autor do encargo, ao encarregar outrem de dar credito a terceiro, está indirectamente a asseverar ao encarregado que o terceiro merece crédito. Assim, tendo o encargo relevância jurígena, a primeira solução possível consiste em tratar o autor do encargo como (se fora) fiador. Não muito longe deste entendimento andará FRAGALI, *Fideiussione – Mandato di credito,* cit., p. 577-578, quando afirma estarmos perante uma mera obrigação subsidiária regulada pelas normas relativas à fiança.

Todavia, tais regras apenas serão aplicáveis caso não haja estipulação em contrário das partes. Com efeito, estando perante um elemento natural do mandato de crédito, nada obsta a que esta responsabilidade seja afastada. Assim, concluímos sublinhando que estamos perante uma relação eventual, uma vez que nada obsta a que, por um lado, o terceiro recuse a concessão do crédito e, caso tal suceda, a relação fidejussória não produzirá efeitos[205], bem como nada impede que as partes afastem, desde logo, as regras relativas à fiança.

Concluímos, assim, que a responsabilidade fidejussória no mandato de crédito funciona como um acautelamento do risco de insolvência do terceiro. Ou seja, o autor do encargo surge como segurador (*latissimo sensu*) desse risco, uma vez que, em caso de incumprimento do terceiro, responde com o seu património como se fosse fiador. Com efeito, assim resulta facilmente perceptível o facto de o autor do encargo ter a possibilidade de avaliar convenientemente os riscos envolvidos pela operação, enquanto que o encarregado terá sempre a possibilidade de aferir se os riscos da operação estão assegurados. Sendo que, obviamente, tais riscos são assegurados pelo património do autor do encargo.[206].

8. Cessação unilateral do mandato de crédito

Passamos agora à análise das hipóteses de cessação unilateral do mandato de crédito, previstas no art. 629.º, n.º 2. Perante este art., a doutrina pátria tem entendido que o autor do encargo pode revogar o mandato de crédito enquanto este não for concedido e que pode denunciar o contrato a todo o momento, sendo que, segundo o entendimento maioritário da doutrina, apenas nos casos em que a revogação se dê durante a execução do mandato terá de responder pelos danos que houver causado[207].

[205] Salientando esta faculdade do terceiro poder vir a recusar o crédito, FRAGALI, *Fideiuissione – Mandato di credito*, cit. p. 543. Conforme refere LÉON ALONSO, *El mandato de crédito,* cit., p. 1097, o terceiro, por via de regra, não terá qualquer relação pessoal com o autor do encargo. Com efeito, se tal relação existisse, o autor do encargo deixaria de ser o *dominus negotii* para se converter num simples fiador.

[206] SIMONETTO, *Mandato di credito,* cit., p. 159 (1.ª coluna). Em sentido similar, LÉON ALONSO, *El mandato de crédito,* cit., p. 1095, entende que o autor do encargo está obrigado a garantir fidejussoriamente a concessão de crédito, pelo que, na relação entre autor do encargo e encarregado, estaríamos perante uma verdadeira promessa de garantia.

[207] PIRES DE LIMA/ANTUNES VARELA, *Código Civil Anotado*, vol. I, cit., p. 647; LUÍS MENEZES LEITÃO, *Direito das Obrigações,* vol. II, cit., p. 329 e, mais recentemente, em

Não sendo esta a sede adequada para proceder a uma teorização geral dos modos por que opera a extinção do vínculo contratual, diremos, seguindo os ensinamentos da doutrina, que a revogação consiste na livre destruição dos efeitos de um acto por vontade do seu ou dos seus autores, com ou sem retroactividade, sendo configurável como um acto discricionário, porquanto não depende de fundamento especial[208]. Ora, no caso vertente estamos perante uma revogação unilateral, que poderá ser definida como aquela que é motivada por interesses diferentes dos que determinaram o acto que se revoga[209].

A denúncia, por seu turno, é um negócio jurídico unilateral receptício, que constitui uma forma de extinção das relações contratuais duradouras. É uma declaração unilateral dirigida a certa pessoa que se torna eficaz quando for levada ao conhecimento dessa pessoa, surgindo como corolário evidente da interdição da perpetuidade temporal e da consequente defesa da liberdade individual[210].

Perante estas definições, resulta claro que o legislador previu a figura da revogação unilateral do mandato de crédito, porquanto, no regime legal em análise, é dependente apenas da iniciativa de uma das partes: o autor do encargo[211]. Já a denúncia referida pelo legislador poderá ser uma verdadeira e própria denúncia. Basta que o mandato de crédito se tenha protelado no tempo por um período de tempo considerável. No caso do mandato de crédito, estando dependente da concessão de crédito por parte de terceiro, é credível que a duração do contrato estará determinada por este acto[212].

Luís Menezes Leitão, *Garantias das Obrigações,* cit., p. 138, Romano Martinez/Fuzeta da Ponte, *Garantias de Cumprimento,* cit., p. 109, Almeida Costa, *Direito das Obrigações,* cit., p. 845, Calvão da Silva, *Mandato de crédito e carta de conforto,* cit. p. 251.

[208] Galvão Telles, *Manual dos contratos em geral,* cit., p. 380.

[209] Brandão Proença, *A resolução do contrato no Direito Civil – Do enquadramento e do regime,* Coimbra: Coimbra Editora, 2006 (reimp. da ed. 1982), p. 49.

[210] Brandão Proença, *A resolução do contrato no Direito Civil,* cit., pp. 40-41.

[211] Obviamente, nunca é de mais salientar, que nada impede que as partes celebrem um verdadeiro distrate. Januário Gomes *Em tema de revogação do mandato civil,* cit. p. 53 aponta a revogação do mandato de crédito como um ex. de revogação em sentido técnico.

[212] Entre nós, é generalizada a afirmação de que os contratos não vinculam as partes *ad aeternum.* Caso se entendesse ser possível a existência de vínculos ilimitados, haveria uma violação da ordem pública. Daí que seja entendimento pacífico que ordenamento jurídico atribui aos contraentes a faculdade de fazerem cessar o vínculo contratual,

Nos restantes casos, tal denúncia constituirá, tão-somente, uma causa de resolução *ex lege*, uma vez que consiste na declaração de uma das partes dirigida à outra, tendo como fundamento uma faculdade atribuída por lei.

Saliente-se, ainda, o facto de quer a revogação quer a denúncia, no mandato de crédito, serem imotivadas (ou *ad nutum*), pelo que o autor do encargo não tem de referir quais os motivos que subjazem à cessação do vínculo contratual.

Passemos, pois, sem mais delongas, à análise das consequências da cessação do mandato de crédito. Neste particular, cremos que será útil proceder à destrinça entre a cessação do mandato em virtude de revogação e em virtude de denúncia.

9. *Segue*, Revogação

Atendendo à analogia funcional existente ente o mandato de crédito e o mandato civil, é de crer que à revogação do mandato de crédito, enquanto não for concedido o encargo, serão aplicáveis as regras que regem a revogação do contrato de mandato[213]. Efectivamente, conforme tivemos oportunidade de verificar, à relação de cobertura são aplicáveis, *mutatis mutandis,* as regras disciplinadoras do contrato de mandato.

A priori, poder-se-ia dizer que este entendimento sai prejudicado pela letra da lei, uma vez que, ao que parece, o ressarcimento pelos danos causados apenas se verifica nos casos de denúncia. Salvo o devido respeito, não concordamos com o entendimento sufragado pela doutrina nacional[214]. Com efeito, é nosso entendimento que o art. 629.º, n.º 2 pode

---

mediante pré-aviso prévio, sendo que este é uma decorrência dos ditames da boa fé. Sobre a figura da denúncia, cfr. PAULO HENRIQUES, *A desvinculação unilateral* ad nutum *nos contratos civis de sociedade e de mandato,* Coimbra: Coimbra Editora, 2001, pp. 193-248.

[213] Não concordamos, pois, com CALVÃO DA SILVA, *Mandato de crédito e carta de conforto,* cit. p. 257, quando refere que o art. 629.º, n.º 2, 1ª parte afasta o disposto no art 1172.º CC. Todavia, uma vez que é lícito ao encarregado recusar o cumprimento do encargo sempre que a situação patrimonial dos contraentes coloque em perigo o seu futuro direito, já concordamos com o facto de o art. 1170.º/1 CC ser inaplicável *in toto* a esta situação.

[214] PIRES DE LIMA/ANTUNES VARELA, *Código Civil Anotado*, vol. I, cit., p. 647; LUÍS MENEZES LEITÃO, *Garantias das Obrigações,* cit., p. 138, ROMANO MARTINEZ/FUZETA DA PONTE, *Garantias de Cumprimento,* cit., p. 109, ALMEIDA COSTA, *Direito das Obrigações,*

ser interpretado no sentido de obrigar o responsável pela cessação do mandato de crédito, mesmo em caso de revogação, a responsabilizar a parte que sofrer danos[215]. Tudo isto porque, cremos, é o segmento final do art. que comanda todo o preceito. Dito de outro modo, lemos o art. 629.º, n.º 2 do seguinte modo:

> *"Sem prejuízo da responsabilidade pelos danos que haja causado, o autor do encargo tem a faculdade de revogar o mandato enquanto o crédito não for concedido, assim como a todo o momento o pode denunciar."*

A favor deste entendimento militam quer o Direito Comparado (veja-se o art. 1958 CCIt. que é, cremos, a fonte remota do congénere português), quer o próprio elemento histórico, pois também no projecto de VAZ SERRA se previa, no art. 39.º, n.º 3 que:

> *"O autor do encargo pode revogá-lo enquanto o encarregado não tenha prometido o crédito ao terceiro de modo a vincular-se, sem prejuízo dos factos já verificados e da responsabilidade pelo dano que causar ao mesmo encarregado"*

Esta leitura do preceito em causa também sai beneficiada pelo facto de ser a mais adequada ponderação dos interesses em jogo nesta figura contratual. Se é certo que o interesse do autor do encargo é o centro lógico de toda a operação ligada ao mandato de crédito, não é menos certo que a lei prevê a relevância do interesse do encarregado quando, apesar de não permitir que este revogue o mandato de crédito, lhe atribui a faculdade de se recusar a cumpri-lo quando a situação patrimonial dos contraentes possa colocar em perigo o seu futuro direito[216] [217].

Coimbra: Livraria Almedina, 2001, p. 845, CALVÃO DA SILVA, *Mandato de crédito e carta de conforto,* cit. p. 251, defendem que apenas haverá lugar a indemnização em caso de denúncia do mandato de crédito.

[215] Conforme refere ARCOS VIEIRA, *El mandato de crédito*, cit., p 245, a fiança do autor do encargo não é uma verdadeira fiança, mas sim a versão, para este contrato, da obrigação genérica que impende sobre todo o mandante num contrato de mandato relativamente à indemnização dos prejuízos que a gestão traga para o mandatário.

[216] A esta solução subjaz o conceito de mandato de optimização (*"optmisierungsgebote"*), cunhado por ROBERT ALEXY, *Teoría de los Derechos Fundamentales* (tradução de *Theorie der Grundrechte*, 1986, por ERNESTO GARZÓN VALDÈS) (reimp.), Madrid, Centro de Estudios Políticos e Constitucionales, 2002, p. 86-87. Similarmente, DWORKIN – *Taking rights seriously,* 2.ª ed., Londres, Duckworth Books, 1982, pp. 26-27. Seguindo

Assim, à revogação do mandato de crédito serão aplicáveis as regras relativas à revogação do mandato[218]. No tocante à cessação unilateral *ad nutum* do contrato de mandato, tem sido controvertida a qualificação a dar à situação, tendo sido trilhada uma via explicativa, que podemos qualificar como tradicional, defendendo que estamos perante um caso de responsabilidade por factos lícitos, sendo que, recentemente, foi defendido que estaríamos perante um caso de responsabilidade pela confiança.

Assim, segundo este último entendimento, de modo a poder gerar uma situação de responsabilidade civil pela confiança, o art. 1172.º CC terá de possuir três elementos: (i) uma situação de confiança conforme com o sistema e traduzida na boa fé subjectiva ética, própria da pessoa que, sem violar os deveres de cuidado e de indagação que ao caso concreto caibam, ignore estar a lesar posições alheias; (ii) uma justificação para essa confiança, requerendo que a confiança se tenha alicerçado em elementos razoáveis, susceptíveis de provocar a adesão de uma pessoa normal e com consistência jurídica, (iii) um investimento de confiança, traduzido no assentar efectivo de actividades sobre a confiança justificada. A estes acrescerá um quarto elemento, que será a imputação realizada pela própria norma[219].

---

a lição destes autores, quando dois princípios colidem há que curar de analisar a importância relativa de cada um deles, procurando encontrar o justo equilíbrio entre ambos. Trata-se, cremos, de uma solução que, entre nós, está plasmada legalmente para a situação de colisão de direitos no art. 335.º.

[217] Neste particular, é manifesta a similitude com o estatuído a propósito do art. 654.º a propósito da fiança de obrigações futuras. No que toca ao agravamento da situação patrimonial do devedor, JANUÁRIO GOMES, *Assunção fidejussória de dívida,* cit., pp. 768-769, entende que, para que o fiador se possa liberar, terão de ser efectuadas duas operações. A primeira é um operação virtual consistente na ponderação das possibilidades de o fiador sub-rogado conseguir em regresso (*lato sensu*) a satisfação do crédito, enquanto que a segunda consiste no cotejo entre o grau de probabilidade de satisfação do crédito (de regresso) no momento da prestação da fiança e no momento da liberação, sendo que esta só será lícita se a evolução do grau de probabilidade for negativa e em termo objectivamente relevantes e atendíveis.

[218] Sublinhe-se o facto de, mau grado entendermos serem aplicáveis ao mandato de crédito as regras relativas à revogação do mandato, não concluirmos que o mandato de crédito se reconduz ao contrato de mandato.

[219] ADELAIDE MENEZES LEITÃO, *«Revogação unilateral» do mandato, pós-eficácia e responsabilidade pela confiança* in AAVV, *Estudos em Homenagem ao Professor Doutor Inocêncio Galvão Telles*, Coimbra: Coimbra Editora, vol. I, p. 305-346 (p. 345). Conforme resultará do texto não sufragamos esta orientação, uma vez que, no nosso entendimento,

Rejeitamos desde já o entendimento ora exposto. Quer no mandato (cfr. art. 1170.º) quer no mandato de crédito (art. 629.º, n.º 2, 1ª parte), a faculdade de revogação é lícita, uma vez que se trata de uma faculdade atribuída *ex lege* e que, como tal, exclui a ilicitude da actuação da parte que revogou o mandato. Estamos, pois, no domínio da responsabilidade por factos lícitos[220] [221]. Note-se também que o art. 1172.º será aplicável

---

quer no mandato, quer no mandato de crédito, a faculdade atribuída àquele que revoga o contrato não configura qualquer acto ilícito, uma vez que a conduta tem por base uma faculdade atribuída pela lei. A isto acresce o facto de, na nossa opinião, o enquadramento da situação *sub judice* como responsabilidade pela confiança levar a uma sobrevalorização do elemento "confiança" IDEM, *Ibidem*, p. 315. Salvo o devido respeito, todo e qualquer contrato pode ser explicado com base na confiança, pelo que é de crer que só se deverá utilizar esta via explicativa como *ultima ratio*.

Sobre os pressupostos da responsabilidade pela confiança, cfr., entre nós, CARNEIRO DA FRADA, *Teoria da Confiança e Responsabilidade civil,* Coimbra: Livraria Almedina, 2004.

[220] Assim, para o mandato, JANUÁRIO GOMES, *Em tema de revogação do mandato civil,* cit., p. 269, salientando que, no caso do art. 11172.º, alínea b) estaremos perante um caso de responsabilidade contratual. Também neste caso cremos que, mau grado a situação prevista na alínea b) do art. 1172.º CC configurar, à partida, uma situação de responsabilidade contratual (em virtude do desrespeito de uma obrigação contratada pelas partes), neste caso, uma vez que o legislador teve o cuidado de prever especificamente a obrigação de indemnização, cremos que esta previsão, *per se*, não justifica a qualificação como responsabilidade civil contratual.

[221] A talho de foice, refira-se também que há entre nós quem explique a faculdade de revogação do mandato como a manifestação da regra consagrada no art. 81.º, n.º 2. Assim, PAULO HENRIQUES, *A desvinculação unilateral* ad nutum *nos contratos civis de sociedade e de mandato,* cit., p. 143-150, *maxime* p. 147. Não podemos sufragar este entendimento uma vez que a recondução da faculdade de revogação do mandato às situações em que o objecto dos actos jurídicos a praticar contenda com os bens da personalidade do mandante é (i) vaga e imprecisa e (ii) duplica regimes legais. De facto, tal solução é vaga porque é possível afirmar que todo e qualquer contrato constitui uma limitação dos bens da personalidade. Basta atentar na extensão do art. 70.º, n.º 1. A este argumento acresce ainda que a solução proposta conduz a uma duplicação de regimes. Mais, basta lembrar o brocardo *ubi lex non distinguit nec nos distinguere debemus*. Finalmente, atendendo à extensão do art. 70.º, n.º 1, é de crer que a solução proposta, na prática, não trará resultados palpáveis, pois qualquer contrato é limitador dos bens de personalidade. Julgamos ser possível afirmar que a celebração de um contrato constitui uma auto-limitação da personalidade de cada um dos contraentes, mas já entendemos ser excessivo considerar essa auto-limitação como fundamento da revogação do mandato.

Rematamos sublinhando que a solução apresentada é incapaz de dar uma explicação unitária da revogação do mandato. IDEM, *Ibidem*, p. 149

[222] A propósito deste preceito, entende RUI PINTO DUARTE, *Tipicidade e atipicidade dos contratos*, Coimbra: Livraria Almedina, 2000, p. 141, que esta é uma das normas referentes aos contratos típicos com "força expansiva".

directamente ao mandato de crédito, pelo que não nos parece ser necessário ter de recorrer ao disposto no art. 1156.º[222].

Assim, haverá lugar a indemnização nas seguintes situações: (i) se assim tiver sido convencionado, (ii) se tiver sido estipulada a irrevogabilidade do mandato de crédito ou se tiver havido lugar renúncia ao direito de revogação, (iii) se o mandato de crédito for oneroso e se a revogação proceder do autor do encargo e (iv) se o mandato for revogado sem a antecedência conveniente[223].

Finalmente, cumpre salientar que, em algumas situações, o encarregado pode vir a incorrer em despesas com vista à celebração do contrato de crédito com o terceiro, em virtude de o autor do encargo, ou pela sua actuação ou por eventuais compromissos que tenha assumido, fazer crer que não faria cessar o mandato de crédito. Pense-se na seguinte hipótese:

> Caio solicita ao Banco A que este financie, em nome e por conta própria, através de contrato de abertura de crédito, Tício. O financiamento, de acordo com o estipulado entre as partes, visa a extinção dos débitos de Tício junto da Banca. Para conceder essa abertura de crédito, o Banco teve de solicitar a uma entidade externa a preparação dos contratos a celebrar, bem como proceder à análise da situação económico-financeira de Tício. Durante todo esse processo, Caio, por reiteradas vezes, asseverou ser sua intenção prosseguir com a operação creditícia. Todavia, alguns dias antes da assinatura, Caio faz cair por terra o financiamento, não dando qualquer justificação para a sua desistência.

Ora, nestas situações, somos do entendimento que o encarregado deverá ser ressarcido das despesas em que incorreu, uma vez que tais despesas surgiram como consequência directa do contrato celebrado com o autor do encargo e, mais importante, foram efectuadas em virtude da confiança gerada pela actuação daquele[224]. Tal só não se passará assim se se configurar o art. 629.º, n.º 2, 1ª parte como um direito de arrependimento conferido ao autor do encargo, arrependimento esse que seria traduzido na faculdade de revogação do mandato de crédito até ao momento da concessão do crédito[225].

---

[223] Trata-se, pois, das situações elencadas no art. 1172.º CC.

[224] Caso não se entenda serem aplicáveis as regras da responsabilidade civil, o encarregado apenas poderá fazer uso das regras relativas ao enriquecimento sem causa.

[225] É curioso notar que os autores que entendem que não há lugar a ressarcimento de danos, não equacionam esta hipótese de qualificar a revogação do mandato de crédito

Em jeito de conclusão, há que afirmar que, em consequência da revogação do mandato de crédito, cessam todas as relações contratuais existentes entre autor do encargo e encarregado, uma vez que, não tendo havido concessão de crédito ao terceiro, não há mais nenhum contrato celebrado, pelo que não se coloca a questão de saber qual o destino do contrato celebrado com o terceiro[226]. Já nas situações em que o autor do encargo, em consequência da sua actuação, faça crer que não revogará o mandato de crédito e acabe por, a final, vir a fazê-lo, estaremos perante uma revogação abusiva, pelo que há que afirmar a sua responsabilidade nessas situações, através do recurso ao instituto do abuso de direito[227].

Para finalizar este ponto, saliente-se que a obrigação de indemnização decorrente da revogação impende sobre o autor do encargo, dado que o impulso para levar à cessação do vínculo contratual parte dele. O beneficiário da obrigação de indemnização será o encarregado, uma vez que, nesta fase da operação contratual, ainda não haverá qualquer contrato de crédito celebrado com o terceiro. Obviamente, uma vez operada a revogação do contrato, não haverá lugar à execução do mandato de crédito, uma vez que estamos num momento cronologicamente anterior à concessão de crédito.

10. *Segue*, denúncia

Em caso de denúncia pelo autor do encargo, a doutrina reconhece a possibilidade de haver lugar ao ressarcimento dos danos que este causar. Com efeito, encontrando-nos na fase de execução do mandato de crédito, porquanto já houve lugar à concessão de crédito, resultaria ilógico que não houvesse lugar ao ressarcimento dos danos sofridos pela parte lesada.

---

como um "direito de arrependimento". Calvão da Silva, que, entre nós, é que mais desenvolve esta matéria prefere justificar a faculdade de revogação em virtude da preponderância do interesse do autor do encargo. Conforme decorre do texto, não concordamos com essa solução, uma vez que no nosso entender, há que optimizar os interesses em causa nesta situação.

[226] Bragantini, *Il mandato di credito*, cit., p. 151 limita-se a afirmar laconicamente, em sede extinção do mandato de crédito, que não curará do terceiro porque este não tem qualquer direito, não curando de apurar qual a sorte do terceiro nas situações em que a cessação do vínculo contratual se dá após a concessão do crédito.

À imagem do que sucede nos casos de revogação, somos do entendimento que estamos perante uma situação de responsabilidade por factos lícitos, uma vez que a faculdade de denunciar o contrato é conferida *ex lege* e, como tal, não há qualquer acto ilícito susceptível de gerar uma situação de responsabilidade civil contratual ou de responsabilidade civil delitual, dado que o legislador, ao atribuir tal faculdade, não a sancionou como ilícita.

Deste modo, uma vez operada a denúncia do mandato de crédito, tendo em conta que esta apenas ocorre após a concessão do crédito, ou seja, em plena fase de execução do contrato, cabe indagar qual a sorte dos vários contratos celebrados entre os vários intervenientes.

No que toca à relação de cobertura, entendemos que, uma vez denunciado o mandato de crédito, cessam as relações entre autor do encargo e encarregado, restando apenas as relações derivadas da relação de execução e da relação fidejussória. Neste particular, no tocante à relação de execução, sendo o autor do encargo estranho à relação de execução, é imperioso entender que esta subsiste. Cabe, todavia, apurar qual a sorte da relação fidejussória. Neste particular, somos do entendimento que esta terá, forçosamente, de cessar[228].

Na verdade, neste particular, somos do entendimento que a declaração de vontade tendente à cessação do mandato de crédito terá de se repercutir na responsabilidade fidejussória derivada do mandato de crédito. Não estamos, pois, perante uma declaração tácita de denúncia da fiança, mas tão-somente perante uma mera decorrência do princípio da acessoriedade[229]. Efectivamente, cessando a relação que está na base desta responsabilidade fidejussória, esta fica sem objecto, pelo que é mister concluir que também se extingue.

Finalmente, note-se que também aqui a obrigação de indemnização impende sobre o autor do encargo, uma vez que é dele que parte a iniciativa conducente à cessação do vínculo contratual. Neste particular,

[227] Acerca dos vários comportamentos abusivos, cfr. MENEZES CORDEIRO, *Da boa fé no Direito Civil* (reimp.), Coimbra: Livraria Almedina, 2001, p. 719 e segs.

[228] Com efeito, respondendo o autor do encargo como fiador, é de crer que o princípio da acessoriedade da fiança vigorará plenamente, pelo que há que entender que, uma vez extinta a obrigação principal, extingue-se a fiança, conforme a lição que podemos colher junto do art. 651.º.

[229] Acerca deste princípio, cfr., por todos, JANUÁRIO GOMES, *Assunção fidejussória de dívida*, cit., p. 106 e segs., *maxime*, pp. 107-121.

somo do entendimento que o beneficiário da obrigação de indemnização poderá vir a ser o terceiro. Conforme decorre do art. 629.º, n.º 2 *in fine*, o autor do encargo responde pelos danos que houver causado. Ora, uma vez que nesta fase da operação já existirá um contrato celebrado com o terceiro, é de crer que, desde que este consiga provar a existência de dano (e desde que estejam verificados os restantes requisitos da responsabilidade civil), haverá lugar a responsabilidade civil delitual (art. 483.º, n.º 1 CC), uma vez que não será parte de nenhum contrato celebrado com o autor do encargo[230]. Tudo se resumirá, pois, à verificação da existência de um dano e à consequente imputação desse dano a um acto ilícito e culposo.

11. **Faculdade de recusa por parte do encarregado**

Seguindo o entendimento da doutrina italiana, somos da opinião de que a faculdade de o encarregado recusar o cumprimento do encargo, ao abrigo do disposto no art. 629.º, n.º 3, não configura uma causa de extinção do mandato de crédito, mas sim, apenas, uma situação que leva à suspensão do vínculo contratual existente entre autor do encargo e encarregado.

Consequentemente, quando as condições patrimoniais do mandante ou do terceiro já não colocarem em perigo a possibilidade de o encarregado cumprir, este estará obrigado a realizar a prestação a que se obrigou. Todavia, se houver lugar ao prolongamento desta situação, o encarregado poderá fazer uso da resolução do contrato em virtude de existir uma impossibilidade superveniente da prestação[231].

Como é óbvio, esta situação de suspensão ocorre apenas em momento prévio à concessão do crédito, uma vez que careceria de sentido afirmar que haveria lugar à suspensão do vínculo contratual após a realização da prestação a que o encarregado está adstrito. Todavia, nas situações em que a concessão de crédito seja faseada, i.e, nos casos em que

[230] *Rectius*, haverá lugar a responsabilidade pela confiança, desde que reunidos os seus requisitos. Efectivamente, é de crer que esta figura poderá ser aplicável, mormente nas situações em que o terceiro legitimamente confie, fruto da actuação do autor do encargo, que este não venha a denunciar o contrato.

[231] GIUSTI, *La fideiussione e il mandato di credito,* cit., p. 310-311.

se desdobre por várias prestações, cremos ser também possível que o encarregado possa fazer uso desta faculdade enquanto a totalidade do crédito não estiver concedida.

Estamos, pois, perante uma norma que visa acautelar os perigos decorrentes da alteração das condições patrimoniais dos co-contratantes[232]. Assim, no que concerne à situação patrimonial dos contraentes, não poderá ser uma qualquer alteração patrimonial a justificar a recusa de cumprimento do encargo. Com efeito, uma vez que as condições patrimoniais do autor do encargo e do terceiro são os pressupostos económicos da operação inerente ao mandato de crédito, um mero deterioramento da situação patrimonial destes pode gerar preocupação para o encarregado.

Assim, bastará uma alteração das condições económicas do autor do encargo e do terceiro que tornem manifestamente mais difícil a satisfação do crédito, para que o encarregado possa, licitamente, recusar-se a cumprir o encargo[233]. Outrossim, também não relevará a situação originária que pode ser de dificuldade ou de dificuldade manifesta, mas apenas a alteração superveniente das condições económicas do autor do encargo e do terceiro[234]. Essa alteração deve ser avaliada de forma objectiva, i.e., terá de ser mensurável segundo critérios quantitativos.

Todavia, cumpre salientar que esta suspensão da execução do contrato de mandato de crédito não poderá ser justificada nos casos em que o autor do encargo ou o terceiro ofereçam garantias idóneas ao encarregado. Trata-se de algo imanente ao disposto no art. 629.º, n.º 3, que visa acautelar situações que façam perigar o equilíbrio originário das condições de realização da prestação e, obviamente, nos casos em que sejam oferecidas garantias idóneas ao encarregado, resulta lógico afirmar que este poderá fazer uso da faculdade de suspender a execução do mandato

[232] FRAGALI, *Fideiussione – Mandato di credito,* cit., p. 563.

[233] Há que ter em atenção que esta faculdade de recusar o cumprimento do encargo não é uma declaração antecipada de não cumprimento, uma vez que na primeira existe a possibilidade de o encarregado escusar-se a realizar a prestação devida, fruto de uma faculdade atribuída *ex lege*, enquanto que na segunda estamos perante uma declaração séria de que o encarregado não cumprirá a obrigação devida. Obviamente, na segunda hipótese haverá lugar a responsabilidade civil contratual, enquanto que na primeira hipótese tal não se sucederá. Sobre esta segunda hipótese, FERRERO/BENATTI, *Mandato di credito,* cit. p. 1771, entendem que a recusa do encarregado não cumprir o encargo deve ser interpretada como uma manifestação da sua vontade de não cumprir o mandato de crédito.

[234] SIMONETTO, *Mandato di credito (voce)*, cit., p. 164 (2.ª coluna).

de crédito. Assim, uma vez que a *ratio* da norma consiste em evitar um perigo para o encarregado, esse perigo deixa de existir quando se restabelece o equilíbrio originário das condições de realização da prestação devida, consistente na concessão do crédito[235].

Concluímos este ponto salientado que, através do recurso ao argumento *a contrario,* é lícito afirmar que o encarregado não poderá recusar-se a cumprir o encargo nas restantes situações. Caso tal suceda, não cumprirá a obrigação devida e, eventualmente, haverá lugar a responsabilidade civil contratual[236], uma vez que fica frustrado o programa contratual inicialmente gizado pelas partes[237].

12. **Extinção do mandato de crédito**

Para além da situação normal relativa ao cumprimento do mandato de crédito, bem como da manifestação de declaração de vontade das partes tendente à cessação unilateral *ad nutum*[238] do mesmo, cabe apurar se existe mais alguma situação apta a ditar a cessação do vínculo contratual derivado do mandato de crédito.

Neste particular, cremos que não será aplicável o disposto no art. 1174.º, pelo que o mandato de crédito não caducará nas situações aí previstas[239]. Com efeito, julgamos ser possível afastar a afinidade relativamente ao regime do mandato, afirmando que o efeito extintivo possa

---

[235] FRAGALI, *Fideiussione – Mandato di credito,* cit., p. 565.

[236] Não sendo o contrato pontualmente cumprido, o devedor entra em mora (art. 808.º CC). Só haverá lugar a situação de incumprimento definitivo se o devedor perder o interesse na realização da prestação ou se houver lugar a interpelação admonitória do credor. Apenas havendo uma situação de incumprimento definitivo, poderá haver lugar a resolução por incumprimento, nos termos do disposto no art. 801.º CC:

[237] À luz do Direito espanhol, entende LÉON ALONSO, *El mandato de crédito,* cit., p. 1110, ser possível que o encarregado possa renunciar ao mandato, baseando-se no art. 1736.º do Código Civil espanhol. Todavia não deixa o autor de salientar que as possibilidades de renúncia resultam extraordinariamente diminutas, quiçá nulas, a partir do momento em que a aceitação do mandato de crédito o obriga a seguir as instruções do autor do encargo e, no seu próprio interesse, a levar a cabo a realização da prestação a que se obrigou.

[238] Temos em mente, sobretudo, as situações de revogação unilateral do mandato já analisadas. Obviamente, nada obsta a que as parte revoguem, por mútuo acordo, o mandato de crédito, i.e., que estejamos perante um verdadeiro e próprio distrate.

[239] Em sentido contrario, pronunciando-se tendo por base o direito italiano, cfr., por todos, D'AMELIO, *Anotação ao art. 1958,* p. 432.

justificar-se com a natureza pessoal da prestação devida pelo mandatário, enquanto que no mandato de crédito a actividade solutória do encarregado não apresentaria tal carácter[240]. Efectivamente, não somos do entendimento que, sendo autor do encargo o *dominus* de toda a operação, há que considerar que caso este faleça ou venha a estar impossibilitado em virtude de inabilitação, a operação não poderá prosseguir, excepto se os actos a realizar puderem ser praticados através da intervenção do representante legal ou do curador. De igual modo, no tocante ao encarregado, caso este faleça, também não nos parece ser possível considerar que o mandato de crédito cesse[241].

Na verdade, o mandato comum parte da exigência de realizar uma prestação conforme com o interesse do mandante, pelo que não há lugar à criação de uma situação juridicamente fechada, o que justifica que, *inter alia*, sejam intransmissíveis para os herdeiros do mandante ou do mandatário os direitos e obrigações dele derivados. Todavia, no mandato de crédito estamos perante a exteriorização de um fim comum ao autor do encargo e ao encarregado, traduzido numa declaração de vontade que deu corpo e forma exterior à vontade das partes, dando, assim, azo a uma situação objectiva de obrigação, qualificável como tal quer jurídica quer socialmente, pelo que é imperioso afirmar que o mandato de crédito tem na sua essência uma estabilidade jurídica (*"fermezza giuridica"*) que não topamos no mandato comum, pelo que é apto para subsistir durante a vida das partes, bem como de resistir à incapacidade superveniente das partes[242].

---

[240] Assim, ABBADESSA, *Obbligo di far credito,* cit., p. 537 (1.ª e 2.ª colunas). Todavia, o autor não deixa de salientar que o problema se apresenta como delicado, acabando por concluir que a tutela exaustiva do interesse do autor do encargo conferida pelo art. 1959.º CCIt obsta a que a morte ou a incapacidade superveniente do encarregado ou do autor do encargo relevem, excepto nos casos em que tais situações estão intimamente ligadas ao valor da garantia fidejussória.

[241] Em sentido contrário veja-se ARCOS VIEIRA, *El mandato de crédito*, cit., p. 249, afirmando que, em princípio, a obrigação de executar o mandato de crédito não é transmissível aos herdeiros do encarregado, embora, talvez o seja a posição de credor no contrato de crédito. Assim, os herdeiros do encarregado não poderão ser compelidos a continuar a gestão iniciada pelo encarregado, nem o autor do encargo estará obrigado a aceitá-los como encarregados no lugar daquele. Para a autora, caso o autor do encargo ou o encarregado viessem a falecer, haveria que proceder à liquidação das dívidas eventualmente existentes, em virtude de retribuição devida ou de eventual indemnização a perceber pelo encarregado.

[242] Assim, FRAGALI, *Fideiussione – Mandato di credito*, cit., pp. 577-578.

Em qualquer caso, afigura-se conveniente sublinhar que esta regra não pode ser seguida de forma cega. Com efeito, caso se conclua que algum elemento foi considerado como essencial pelas partes, *maxime* a pessoa de qualquer um dos contraentes, há que concluir que a sua não verificação, originária ou supervenientemente, implica que se possa afirmar possibilidade de considerar extinto o mandato de crédito[243].

Todavia, somos do entendimento que o mandato de crédito caducará por decurso do tempo, mormente nos casos em que o mandato de crédito tenha sido conferido para a concessão de crédito num determinado prazo. Adicionalmente, o mandato de crédito também caducará uma vez verificada uma condição resolutiva ou uma vez não verificada uma condição suspensiva.[244] [245]

---

[243] LÉON ALONSO, *El mandato de crédito,* cit., p. 1113. O autor parte do pressuposto que, na maioria dos casos, o encarregado será uma entidade bancária, o que dificultará a extinção do mandato de crédito com base em causas de teor subjectivo. O autor, algo exageradamente, acaba por concluir que se a ocorrência de tais causas debilitar a garantia de uma das partes ou frustrar a confiança da outra, tal causa produzirá todos os efeitos extintivos, em virtude de ter frustrado o interesse visado pelas partes.

[244] Neste particular, aplicamos ao mandato de crédito as soluções expendidas por JANUÁRIO GOMES, *Contrato de mandato,* cit. p. 390, relativas ao contrato de mandato.

[245] BRAGANTINI, *Il mandato di credito,* cit., pp. 152-153, acrescenta como causa de extinção do mandato de crédito a renúncia do encarregado, com fundamento no facto de a continuação da gestão poder trazer danos apreciáveis ao encarregado. Ora, conforme vimos, atendendo ao disposto no art. 629.°, n.° 3, o encarregado apenas se poderá escusar a cumprir o encargo quando a situação patrimonial dos restantes contraentes colocar em risco o seu futuro direito. Sendo assim, nas hipóteses em que, não estando verificados os requisitos previstos pelo art. 629.°, n.° 3, o encarregado se recuse a cumprir o encargo, estaremos, em princípio, perante uma declaração antecipada de não cumprimento, que equivale a incumprimento definitivo da realização da prestação a que está adstrito.

§ 7. A natureza jurídica do mandato de crédito

1. Intróito

Uma vez gizado, nas suas linhas gerais, o regime legal do mandato de crédito, é chegado o momento de indagar acerca da natureza jurídica desta figura. Para esse efeito, faremos uma breve resenha de algumas das várias construções teóricas que, ao longo dos tempos, têm sido avançadas pela doutrina para procurar explicar a natureza jurídica do mandato de crédito. Assim, faremos uma apreciação crítica dessas construções para, a final, tomarmos posição quanto à natureza jurídica do mandato de crédito à luz do ordenamento jurídico português.

2. Mandato

Uma das primeiras tentativas de explicação da natureza jurídica do mandato de crédito consistiu no recurso à figura do mandato ou, quando muito, do mandato qualificado, i.e. um caso especial de mandato que se distingue do mandato comum em virtude da especificidade do seu objecto. *In casu*, a concessão de crédito[246].

Um dos mais acérrimos defensores desta teorização terá sido, provavelmente, BRAGANTINI[247]. De acordo com este autor, a principal objecção à caracterização do mandato de crédito resulta no facto de, no contrato

[246] Neste grupo enquadra-se, p. ex., HOFFSTETTER, *Der auftrag und die geschäftsführung ohne Auftrag*, cit., p. 112, uma vez que, no seu entendimento o mandato de crédito distingue-se do mandato comum pelo seu objecto: a intermediação de crédito (*"Kreditvermittlung"*).

[247] BRAGANTINI, *Il mandato di credito*, cit., p. 69-92.

de mandato, o mandatário obrigar-se a gerir um negócio por conta do mandante, enquanto que no mandato de crédito, o encarregado concede crédito por sua própria conta[248].

De acordo com esta linha argumentativa, seria possível dar duas interpretações à expressão "por conta". Assim, num primeiro sentido, ela seria sinónimo de que o encarregado concede o crédito com o seu próprio dinheiro e conserva no seu próprio património a relação de mútuo. Todavia, existiria um segundo significado para a expressão, segundo o qual "agir por conta do autor do encargo" seria equivalente ao facto de o encarregado ter de agir com dinheiro do autor do encargo, devendo transferir para a esfera jurídica deste os efeitos do negócio. Dito de outro modo, equivale a afirmar que o encarregado deve agir por encargo e de acordo com o interesse do autor do encargo[249].

Tudo dependerá, continua BRAGANTINI, da necessidade de abandonar dois preconceitos injustificados, a saber: (i) que, caso estejamos perante um mandato, há sempre que proceder à transferência de acções ou de direitos, e (ii) que se trata de uma verdadeira transferência[250].

Para explicar a necessidade de abandono deste preconceito injustificado, é dado o exemplo do mandato para aquisição de coisas. Assim, tendo como pano de fundo o brocardo *"nemo plus iuris in alienum transferre potest quam ipse habet"* conclui-se que não se deve partir do pressuposto que o mandatário tenha de transferir para o mandante todos os direitos adquiridos com base no negócio efectuado. Alguns desses direitos permanecerão na esfera jurídica do encarregado, cabendo ao autor do encargo proceder à aquisição da propriedade sobre a coisa através de um novo negócio a celebrar com o mandatário[251].

Em resumo, esta linha argumentativa parte do pressuposto de que quando a lei utiliza a expressão "por conta" pretende utilizar a expressão

---

[248] BRAGANTINI, *Il mandato di credito*, cit., p. 72. Note-se que o autor partiu das fontes romanas, daí que faça referência à conservação, pelo encarregado, no seu património, da relação derivada do contrato de mútuo.

[249] BRAGANTINI, *Il mandato di credito*, cit., p. 72-73.

[250] BRAGANTINI, *Il mandato di credito*, cit., p. 75.

[251] BRAGANTINI, *Il mandato di credito*, cit., p. 75. O autor conclui que, na maioria dos casos é inadequado falar de transferência de direitos, dando alguns ex., um dos quais consiste num mandato dado a um médico para efectuar uma operação cirúrgica, para concluir que todo o mandato sem representação com vista à estipulação de um contrato é um mandato com negócio próprio do mandatário. IDEM, *ibidem*, cit., p. 79.

"encargo", motivo pelo qual o mandato de crédito apenas diferiria do mandato comum não no modo como este se desenvolve e desenrola, mas sim nos elementos acessórios do negócio[252].

Enquanto que no mandato comum o mandatário apenas tem direito ao reembolso de despesas e à indemnização por todas as perdas e danos sofridas em consequência do recebimento do encargo, no mandato de crédito, uma vez que o encarregado tem de conceder crédito, não extinguirá o seu mandato na concessão do mesmo, cabendo-lhe ainda supervisionar, com diligência, o crédito concedido, quer no interesse do autor do encargo, quer no seu próprio interesse. Ou seja, o mandato de crédito não se extinguiria com o cumprimento da obrigação de concessão de crédito[253].

Cabe agora apreciar, à luz do ordenamento jurídico vigente, a bondade desta argumentação. De acordo com a definição legal do art. 1157.º, o contrato de mandato tem por objecto a prática de um ou mais actos jurídicos pelo mandatário, por conta do mandante.

Assim, cotejando o art. 629.º, n.º 1 e o art. 1157.º, a tese de BRAGANTINI não pode ser adoptada, porquanto no mandato de crédito o encarregado age em nome e por conta próprios, o que equivale a dizer que a sua actuação se repercutirá directamente no seu património[254]. A isto acresce que entendemos ser forçado afirmar que, quando o encarregado age na sequência do encargo recebido e de acordo com o interesse do autor do encargo, está a actuar por conta deste. Ademais, trata-se de uma

---

[252] BRAGANTINI, *Il mandato di credito*, cit., p. 89. Não muito longe deste entendimento andará ARCOS VIEIRA, *El mandato de crédito*, cit., p. 257, quando refere que a diferença entre ambos os tipos de mandato consiste na posição distinta do mandante e do terceiro. Normalmente, o mandante que deseja a concessão do crédito tem um interesse na operação contraposto ao do terceiro, enquanto que no mandato de crédito o interesse do autor do encargo será um reflexo do interesse do terceiro, dirigindo-se, primacialmente, à obtenção do crédito pelo terceiro e não tanto na concessão do mesmo pelo encarregado.

[253] BRAGANTINI, *Il mandato di credito*, cit., p. 89-90.

[254] CALVÃO DA SILVA, *Mandato de crédito e carta de conforto,* cit. p. 257. Realçando o que vai exposto no texto acrescentaremos que a tese exposta não procede porque leva à negação de um dos elementos essenciais do mandato de crédito (actuação do encarregado por sua própria conta). Partindo da falta de actuação por conta, GRAZIANI, *Mandato di credito,* cit., pp. 22-23 ajunta que no mandato terá de haver sempre um *dominus negotii* (que será sempre o mandante) e que o negócio objecto do mandato seja um *negotium proprium* para o mandante e um *negotium alienum* para o mandatário. Tal não se verifica no mandato de crédito, uma vez que a concessão de crédito é feita por conta própria do encarregado.

confusão terminológica dispensável. Efectivamente, uma coisa é actuar por conta do autor do encargo (repercussão da conduta do mandatário na esfera jurídica deste) e outra perfeitamente distinta é o seu interesse, que mais não é do que o critério modelador/orientador da operação derivada do mandato de crédito.

Ademais, há que dar o devido ênfase a um pormenor não despiciendo. Efectivamente, a prestação de uma actividade de cooperação que dê resultados directa ou indirectamente adquiridos pela contraparte é avessa ao mandato de crédito, onde a prestação do mandato de crédito nasce tendo por base um *pactum de contrahendo cum tertio*. Ajunte-se ainda que é inerente ao mandato a faculdade de qualquer uma das partes poder abandonar o contrato, revogando-o, enquanto que no mandato de crédito tal faculdade está vedada ao encarregado[255].

É certo que o legislador fez uso da expressão "encargo" e, como tal, há que atribuir-lhe um conteúdo útil[256]. Ora, conforme tivemos oportunidade de salientar, essa referência terá por efeito a aplicação preferencial das regras disciplinadoras do mandato ao encargo. Assim, teremos de entender que estaremos perante um encargo destinado à prática de actos jurídicos[257]. Todavia, esta similitude relativamente ao mandato não permite a recondução do mandato de crédito a esta figura, devido à falta de dois elementos essenciais: a alienidade do negócio e a existência de uma actividade gestória por parte do encarregado[258].

---

[255] FRAGALI *Osservazioni sula causa del mandato di credito* in *Studi in onore di Ernesto Eula*, Milão: Giuffrè, tomo II, 1957, pp. 23-41 (p. 27).

[256] Trata-se, pois, da aplicação do preceituado pelo art. 9.º, n.º 3, que estabelece que na fixação do sentido e alcance da lei, o intérprete presumirá que o legislador consagrou as soluções mais acertadas e soube exprimir o seu pensamento em termos adequados.

[257] SIMONETTO, *Mandato di credito,* cit., p. 154, 2.º coluna. O autor vai um pouco mais longe e defende que o encargo é um *genus* da *species* que é o mandato, pelo que teremos de estar perante um encargo específico de conteúdo determinado: a prática de actos jurídicos. Aliás, o autor, IDEM, *ibidem*, cit., p. 156, 2.ª coluna, acaba por defender a aproximação do mandato de crédito ao mandato.

[258] Neste sentido, JANUÁRIO GOMES, *Assunção fidejussória de dívida,* cit. p. 484, ARCOS VIEIRA, *El mandato de crédito,* cit., p. 157, referindo que a essência do mandato implica que a actividade jurídica desempenhada pelo mandatário recaia, de forma mais ou menos imediata, na esfera jurídica do mandante, pelo que mandato de crédito não será enquadrável no mandato. Todavia, a autora chama a atenção para o facto de esta conclusão não valer para o Direito Foral de Navarra, onde a amplitude das regras relativas ao mandato permite que o mandato de crédito possa ser considerado mandato.

Efectivamente, no mandato de crédito, mau grado ser o interesse do encarregado a dominar toda a operação, não topamos com uma situação em que o encarregado vise gerir o interesse do autor do encargo[259]. Com efeito, avulta a todo o tempo na operação derivada do mandato de crédito, a concessão do crédito que, como é consabido, é feita em nome e por conta próprios, pelo que a simples ideia do risco patrimonial suportado pelo mandante impede a configuração do mandato de crédito como mandato comum[260], dado que a alienidade do risco não tem uma correspondência exacta com a alienidade do negócio que lhe subjaz[261].

3. **Negócio de carácter fidejussório**

Outra das teorizações clássicas relativas ao mandato de crédito consiste em afirmar que este ou é uma fiança ou é um negócio de natureza fidejussória. Assim, tem-se entendido, tendo como linha de horizonte a fiança de obrigações futuras, que a obrigação do autor do encargo consiste na obrigação de garantir ao encarregado o crédito que surgirá na sequência da execução de um mandato de crédito e inerente concessão de crédito a um terceiro. Tal assimilação resultaria no facto de quer o fiador quer o autor do encargo estarem obrigados, não em consequência de uma promessa principal de cumprimento, mas sim como resultado da assunção de uma obrigação acessória de garantia.

De acordo com esta construção dogmática, o conteúdo da obrigação do autor do encargo consiste na garantia de cumprimento de uma obrigação que este presta. Na verdade, a obrigação do autor do encargo redunda na obrigação de garantir ao encarregado que o crédito que surgi-

[259] Na lapidar definição de LUMINOSO, *Mandato, commissione, spedizione,* cit., p. 56, o mandato é delineado como um programa pactício de cooperação gestória na qual a actuação de uma das partes se compromete perante a outram através de um regulamento de interesses unitário, que é o sistema dos interesses visados pelas partes. Conforme salienta JANUÁRIO GOMES, *Contrato de mandato,* cit., p. 278, a actuação por conta do mandante mais não é do que um fenómeno consequencial desta função gestória.

[260] Deste modo, apenas poderemos afirmar que a figura do mandato especial apenas inclui o mandato comercial e o mandato forense. Sobre o mandato especial, cfr. MENEZES LEITÃO, *Direito das obrigações,* vol. III, cit., pp. 465-472.

[261] Na impressiva expressão de LÉON ALONSO, *El mandato de crédito,* cit., p. 1085, o mandato é o instrumento através do qual começa a génese da peculiar figura do mandato de crédito, sendo a concessão de crédito o verdadeiro motor de toda esta operação.

rá como consequência da execução da ordem de conceder crédito a um terceiro. Ora, seria precisamente na vontade e na obrigação de garantir um débito alheio já existente ou mesmo futuro, que consistiria a essência da fiança[262].

Pese embora esta natureza fidejussória, CAMPOGRANDE não deixa de salientar que, apesar de a obrigação do autor do encargo no mandato de crédito ser substancialmente idêntica, na sua natureza, à obrigação do fiador, não se pode concluir que o contrato de mandato de crédito pode ser identificado com o contrato de fiança[263]. Com efeito, enquanto o contrato de fiança tem sempre por conteúdo uma garantia, o mandato de crédito poderá ter por objecto quer uma garantia quer uma obrigação derivada da aceitação do encargo. Consequentemente, a estrutura de ambos os contratos terá de ser, forçosamente, diversa, já que o objecto de ambos os contratos pode diferir[264].

Como objecção contra este entendimento, tem-se esgrimido o argumento de que existe um obstáculo intransponível para esta qualificação proceder: o encarregado tem uma obrigação a seu cargo[265]. Afirmado nestes termos, o argumento tem pouco valia. Todavia, ele já será atendível caso afirmemos que o mandato de crédito não pode confundir-se com o negócio fidejussório, porque no esquema da fiança não deparamos com

---

[262] Trata-se da tese, entre outros, de CAMPOGRANDE, *Tratatto della fideiussone nel diritto odierno*, Turim; Fratelli Boca Editore, 1902, p. 132. À luz do direito italiano vigente é esgrimido um argumento de ordem sistemática: o CCIt. previu, separadamente, os blocos normativos relativos à fiança e ao mandato de crédito. A isto acresce que nos casos de mandato de crédito (sempre que a responsabilidade fidejussória não seja afastada pelas partes), o mandato não é fiador. Apenas responde *como* fiador. Assim, FRAGALI *Osservazioni sula causa del mandato di credito*, cit., p. 32. GIUSTI, *La fideiussione e il mandato di credito,* cit. p. 301-302. Este segundo argumento é facilmente importável para o nosso ordenamento jurídico, atendendo à redacção do art. 629.º, n.º 1 CC.

[263] *Tratatto della fideiussone nel diritto odierno*, cit. P. 147.

[264] CAMPOGRANDE, *Tratatto della fideiussone nel diritto odierno*, cit. p. 147-148.

[265] GRAZIANI, *Mandato di credito,* cit., p. 14. O autor, IDEM, *Ibidem*, p. 13, na esteira de COVIELLO, entende que há uma precedência do mandato sobre a obrigação do devedor. Trata-se de uma precedência não apenas lógica, mas também cronológica: o mandato precede a obrigação que garante da mesma forma que a causa precede o efeito. ARCOS VIEIRA, *El mandato de crédito,* cit., p. 173, por seu turno, prefere salientar que a fiança, no mandato de crédito, apenas tem sentido para os casos em que a dívida do terceiro venha, efectivamente, a ter existência. Trata-se, pois, de uma situação eventual e indiferente relativamente ao cumprimento ou incumprimento daquele contrato.

uma obrigação de conceder crédito ao terceiro beneficiário da garantia, mas sim com o acréscimo de um património destinado à satisfação do credor em caso de incumprimento do devedor principal[266].

À luz do hodierno direito pátrio, este entendimento sai desde logo prejudicado pelo facto de a responsabilidade como fiador do autor do encargo ser um mero elemento natural do mandato de crédito. A isto acresce que no mandato de crédito não deparamos com o surgimento *sic et simpliciter* de um fiador. Efectivamente, o art. 629.º, n.º 1 limita-se a referir que o autor do encargo responde como fiador, o que é sinónimo de que apenas lhe serão aplicáveis as regras relativas à obrigação fidejussória[267]. *Rectius,* as regras relativas à responsabilidade fidejussória, *verbi gratia,* as regras relativas ao benefício da excussão prévia, as regras relativas aos limites da responsabilidade do fiador, *et cetera.* Trata-se, obviamente, de um corolário lógico da máxima *ubi lex non distinguit nec nos distinguere debemus.*

Finalmente, diga-se também que não poderá ser a obrigação *ex lege* do autor do encargo a caracterizar o contrato. Equivale isto a dizer que essa obrigação é um valioso auxílio na caracterização do contrato, mas não domina a função que este visa, pelo que não é a existência de uma obrigação fidejussória que conduzirá à inclusão do mandato de crédito no âmbito dos negócios de carácter fidejussório. Conforme refere BRAGANTINI, se é verdade que se assume uma obrigação fidejussória para tornar possível a concessão de um crédito a terceiro, este acto, na fiança, não constitui um elemento da determinação causal para a sua constituição. Ora, no mandato de crédito, essa interposição do autor do encargo será o critério decisivo do crédito[268].

Na verdade, cumpre salientar que o autor do encargo não procura a satisfação de uma dívida alheia, mas, pelo contrário, está na sua origem,

---

[266] FRAGALI *Osservazioni sula causa del mandato di credito*, cit., p. 32-33.

[267] FRAGALI *Osservazioni sula causa del mandato di credito*, cit., p. 33-34. D'AMELIO, *Anotação ao art. 1958*, cit., p. 429, afirma que no mandato de crédito há um *plus*, que consiste na conexão causal entre a obrigação que se estabelece entre o autor do encargo e o encarregado e a aquela que surge entre este e o terceiro. Ou seja, a precedência do mandato sobre a obrigação do terceiro não é tanto de ordem cronológica, mas sim de ordem lógica.

[268] BRAGANTINI, *Il mandato di credito*, cit., p. 35. FRAGALI, *Osservazioni sula causa del mandato di credito*, cit. 34, também utiliza este argumento, para salientar aquilo que designa como função preparatória do mandato de crédito.

dado que o mandato de crédito é um mecanismo pensado para promover e agilizar a concessão de crédito. Dito de outro modo, o mandato de crédito não visa lograr a satisfação do credor nem procura ampliar o seu poder de agressão, pelo que a função de garantia não é idónea, *per se*, para justificar a tutela de uma figura elaborada em redor das obrigações nascidas junto do sujeito colocado na posição de credor, cujo crédito perante o terceiro, caso venha a existir, está intermediado pela vontade do autor do encargo e está, de igual modo, condicionado pela necessidade de satisfação do interesse deste[269].

4. **Contrato misto**

Ante as fragilidades inerentes a ambas as teorizações expostas *supra*, foi defendida uma terceira via, baseada na ideia-reitora de que a obrigação de conceder crédito ao terceiro a par da obrigação fidejussória que impende sobre o autor do encargo coexistem, pelo que estaríamos perante um contrato misto.

Assim, o mandato de crédito seria um contrato formado com base nos elementos do mandato e da fiança, sendo uma figura com uma concepção unitária e disciplinado pelas regras gerais das obrigações e dos contratos, designadamente as regras aplicáveis ao mandato e à fiança.[270].

À partida, e uma vez que procura associar o melhor de dois Mundos, a teorização em apreço abre o flanco às mesmas críticas que as duas construções precedentes, pelo que nos abstemos de repetir as apreciações críticas feitas nos números anteriores. Ademais, haveria que procurar determinar qual o tipo de contrato misto com que lidamos, bem como proceder à determinação do seu regime jurídico. Ou seja, seria forçoso

---

[269] Arcos Vieira, *El mandato de crédito,* cit., pp. 175-176. Em sentido similar, Fragali, *Fideiussione – Mandato di credito*, cit., p. 535. Léon Alonso, *El mandato de crédito,* cit., p. 1086, salienta que, enquanto na fiança a obrigação principal surge com absoluta independência relativamente à obrigação afiançada, enquanto que no mandato de crédito tal independência não se produz, já que a presença do autor do encargo ditará uma interconexão causal entre a relação de cobertura e a relação de execução, o que permite justificar que, aquando da concessão do crédito, já tenha surgido na esfera do autor do encargo a obrigação de conceder crédito em virtude do contrato inicial celebrado entre autor do encargo e encarregado.

[270] D'Amelio, *Anotação ao art. 1958*, cit. p. 429.

procurar dilucidar qual o regime potencialmente aplicável, algo que D'Amelio acaba por não fazer, não determinando de forma precisa se dá prevalência à teoria da autonomia, da combinação ou da analogia[271].

5. **Contrato a favor de terceiro**

Outra das teorizações possíveis para tentar explicar a natureza jurídica do mandato de crédito seria a sua recondução à figura do contrato a favor de terceiro. Através do contrato a favor de terceiro as partes têm a possibilidade de ceder créditos (art. 443.º, n.º 2 CC), adquirindo o terceiro a favor de quem foi convencionada a promessa o direito à prestação independentemente de aceitação (art. 444.º, n.º 1 CC)[272].

À partida, esta teorização sai prejudicada pelo facto de o mandato de crédito ser um contrato bilateral, não havendo lugar a qualquer configuração triangular[273]. Ora, o mandato não pode ser explicado através do recurso à figura do contrato a favor de terceiro, uma vez que, apesar de o encarregado assumir perante o autor do encargo a obrigação de conceder crédito a terceiro, da conclusão do mandato de crédito não decorre para este a atribuição do direito à prestação[274]. Ou seja, não lhe é atribuído o poder de exigir do encarregado a celebração do contrato de crédito prometido ao autor do encargo[275].

---

[271] Sobre os contratos mistos, cfr., por todos, Almeida Costa, *Direito das Obrigações,* cit., p. 337 e segs. e Antunes Varela, *Das Obrigações em geral*, 10.ª ed., vol. I, Coimbra: Livraria Almedina, 2000, p. 279 e segs.

[272] Acerca do contrato a favor de terceiro, cfr., por todos, Leite de Campos, *Contrato a favor de terceiro,* 2.ª ed., Coimbra: Livraria Almedina, 1991. De igual modo, o mandato de crédito não pode ser assimilado à figura da promessa de facto de terceiro, que consiste na promessa feita com o sentido de que o terceiro ficará obrigado ou que o terceiro venha a cumprir determinada obrigação. Trata-se de uma figura que, em Itália, encontra expressa consagração legal no art. 1381 CCIt. Sobre esta figura, veja-se, para uma primeira aproximação, Alcaro, *Promessa del fatto del terzo* in ED, tomo XXXVII, Milão: Giuffrè, 1988, pp. 70-85.

[273] Fragali, *Fideiussione – Mandato di credito,* cit., p. 543. Em sentido contrario D'Amelio, *Anotação ao art. 1958,* cit., p. 430, para quem o mandato de crédito tem uma estrutura triangular.

[274] Mazzoni, *Lettere di patronage, mandato di credito e promessa del fatto del terzo,* cit., p. 348.

[275] Conforme refere Leite de Campos, *Contrato a favor de terceiro,* cit., p. 105, o terceiro, quer numa fase anterior quer numa fase posterior à sua adesão ao contrato é titular do interesse tutelado e senhor da tutela desse interesse, pelo que poderá exigir o

A isto junte-se o facto de o terceiro permanecer estranho à operação inerente ao mandato de crédito, uma vez que este só interferirá na celebração do contrato de crédito que o encarregado está vinculado a celebrar[276]. Ou seja, apesar de o terceiro ser o destinatário do cumprimento da obrigação de conceder crédito, não pode fazer uso de qualquer situação jurídica accionável, dado que o art. 629.° não atribui qualquer direito subjectivo ao terceiro[277]. Assim, o terceiro, quando muito, será titular de uma mera expectativa de que lhe venha a ser concedido o crédito[278].

6. **Figura *a se stante***

O mandato de crédito é um contrato com os seus próprios traços característicos onde a função do crédito está associada a uma função instrumental de garantia[279]. Assim, parece ser correcta a classificação do contrato de mandato como contrato preparatório, uma vez que auxilia na formação de outros contratos[280]. *Rectius,* estamos perante um contrato que serve de base a outro contrato. Trata-se de um contrato preparatório e não de um contrato preliminar, porquanto o contrato definitivo relativamente ao qual o autor do encargo tem uma função preparatória conclui-se com sujeitos diversos ou, eventualmente, não se chega sequer a concluir[281].

---

cumprimento da prestação, remitir a obrigação do promitente, executar os bens deste para satisfação do seu crédito, sendo que a prática de qualquer acto de exercício do direito equivalerá, em princípio, à adesão, retirando ao promitente o direito de revogar.

[276] Calvão da Silva, *Mandato de crédito e carta de conforto,* cit. p. 258-259. A este propósito, Bragantini, *Il mandato di credito*, cit., p. 17, faz uma observação que não é despicienda: regra geral, nem o autor do encargo nem o mandatário pretendem atribuir direitos ao terceiro. O mesmo autor, a pp. 19-20, nota que apesar de, tecnicamente, o mandato de crédito não ser um contrato a favor de terceiro, não lhe repugna que este possa ser enquadrado numa figura mais ampla, que seria a dos contratos destinados a arrecadar vantagens para o terceiro.

[277] Similarmente, Abbadessa, *Obbligo di far credito*, cit., p. 534, 1.ª e 2.ª colunas.

[278] Deste modo, não nos parece despicienda a observação de Simonetto, *Mandato di credito,* cit., p. 158, 2.ª coluna, quando afirma que o terceiro, no mandato de crédito, é uma figura híbrida, uma vez que, apesar de não ser parte no contrato de mandato de crédito, acaba por ser o destinatário desse contrato, bem como da promessa que está no centro do negócio.

[279] Giusti, *La fideiussione e il mandato di credito,* cit. p. 302-303.

[280] Fragali, *Osservazioni sula causa del mandato di credito*, cit. 35.

[281] Mazzoni, *Lettere di patronage, mandato di credito e promessa del fatto del terzo,* p. 348.

Conforme decorre do que vai exposto *supra*, o mandato de crédito não é recondutível, directamente, quer à figura do mandato quer à figura da fiança, pelo que é imperioso concluir que estamos perante uma figura *a se stante*. Todavia, tal não obsta a que, no tocante à sua disciplina legal, e atendendo à parcimónia com que o legislador gizou o enquadramento legal do instituto, não concorram regras de várias figuras contratuais, mormente as regras relativas à fiança e ao mandato. Sucede, porém, que essas normas contribuem para a constituição de uma fisionomia particular desta figura[282]. Com efeito, a confluência de ambos os regimes legais leva a que estejamos perante uma figura particular. Ademais, essa confluência levou, conforme tivemos oportunidade de verificar, a que certos efeitos de ambas as figuras ficassem afastados, contribuindo, assim, para uma configuração particular deste negócio jurídico[283].

Assim, julgamos ser lícito concluir que a verdadeira causa do mandato de crédito è a própria concessão de crédito, consistindo esta numa função creditícia. Trata-se, obviamente, de uma função creditícia relativamente a um terceiro e que tem um efeito mediato, uma vez que o crédito a favor do terceiro não surge *ab origine* com o contrato celebrado entre autor do encargo e encarregado. Pelo contrário, exige uma ulterior determinação de vontade de vontade do encarregado. *Rectius*, exige o cumprimento de um acto devido por este. Só assim fica perfeito o mandato de crédito[284].

Finalmente, a qualificação quási ou para-fidejussória oferece a vantagem de realçar a qualificação da causa do mandato de crédito como uma obrigação que não tem uma importância premente, tendo, pelo con-

---

[282] FRAGALI, *Osservazioni sula causa del mandato di credito*, cit. 37. Apesar de, inicialmente, defender a aproximação ao mandato, também SIMONETTO, *Mandato di credito*, cit., p 163, 2.ª coluna, acaba por reconhecer que a disciplina do mandato de crédito é, em via integrativa, a do mandato, nas suas linhas gerais, bem como a da fiança, uma vez que têm em conta as linhas gerais da fiança, compatível com a presença da combinação com o elemento do encargo. Ou seja, a fiança estaria subordinada às cláusulas próprias do encargo. Trata-se, pois, na sugestiva expressão do autor, de um contrato de causa complexa.

[283] Em sentido similar, LÉON ALONSO, *El mandato de crédito*, cit., pp. 1092-1093.

[284] Similarmente, FRAGALI, *Osservazioni sula causa del mandato di credito*, cit. 40. O autor prefere acentuar a determinação de vontade do encarregado. Ora, conforme já referimos supra § 6.5 não estamos perante um acto discricionário do encarregado, mas sim perante um acto devido, que mais não é do que o cumprimento da obrigação contratada com o autor do encargo.

trário, um papel meramente secundário. O que equivale a dizer que a garantia fidejussória tem uma função meramente acessória, porquanto tem o fito de agilizar ou facilitar a concessão de crédito a um terceiro. Assim, tal função de garantia acaba por ser, apenas, um dado individualizador da causa do mandato de crédito[285].

Deste modo, concluímos que estamos perante duas obrigações tendencialmente incindíveis que confluem para a criação de um complexo obrigacional uno e harmónico, que tem o seu cerne e a sua causa – *scilicet,* origem – no interesse do autor do encargo. Assim, somos do entendimento de que estamos perante um negócio típico que recolhe elementos do mandato e da fiança, o que permite recorrer ao seu regime em tudo o que não esteja especificamente regulado nas regras que visam disciplinar o regime do mandato de crédito[286].

---

[285] FRAGALI, *Osservazioni sula causa del mandato di credito*, cit. 41. Dado individualizador mas que, obviamente, não deve ser excessivamente sobrevalorizado pois é um mero efeito *ex lege* que decorre da remissão para as regras da fiança e que, como tal, poderá ser afastado pelas partes, dado que é um mero elemento natural do mandato de crédito.

[286] LUÍS MENEZES LEITÃO, *Direito das Obrigações,* cit. Vol. II, p. 330 e também em LUÍS MENEZES LEITÃO, *Garantias das Obrigações,* cit., p. 138, ALMEIDA COSTA, *Direito das Obrigações,* cit., p. 846, JANUÁRIO GOMES, *Assunção fidejussória de dívida*, cit., p. 484, CARVALHO FERNANDES, *A conversão dos negócios jurídicos civis,* cit., 817-818, VAZ SERRA, *Fiança e figuras análogas,* cit., p. 288-289.

§ 8. Conclusões

1. O mandato de crédito encontra as suas raízes no Direito Romano, tendo surgido como uma das modalidades do *mandatum*, o *mandatum tua gratia,* modalidade de contrato de mandato conferido no interesse exclusivo do mandatário. Paulatinamente, a figura foi-se desenvolvendo, dando lugar ao *mandatum pecuniae credendae,* que redundou numa aplicação do contrato de mandato à função específica de garantir ao credor (mandatário) o cumprimento dos seus créditos.

2. O mandato de crédito originava duas relações contratuais perfeitamente diferenciadas: (i) o contrato consensual de mandato, ao qual são aplicáveis as regras dos mandatos comuns, excepto no que tange às especificidades derivadas do seu objecto; (ii) o contrato real de mútuo, formalizado pelo mandatário perante um terceiro, como execução do encargo recebido e de cujo incumprimento seria responsável o mandante, e redundava, consequentemente, numa relação triangular.

3. Com o passar dos séculos, o instituto foi-se aproximando à *fideiussio*, sendo que essa aproximação foi consumada com o Direito justinianeu, que viria a influenciar de forma decisiva a sua configuração em alguns direitos hodiernos, mormente o Direito alemão, italiano e português.

4. No Código de Seabra não existia qualquer referência expressa ao mandato de crédito, tendo este sido recuperado por VAZ SERRA, aquando da elaboração dos trabalhos preparatórios do Código Civil. Para esse efeito, foi proposta a sua regulação em capítulo autónomo, porquanto a figura não se reconduziria aos quadros teóricos da fiança ou do mandato. Todavia, tal proposta não veio a ser sufragada, encontrando o mandato de crédito, actualmente, a sua regulação no capítulo relativo à fiança.

5. Atendendo ao actual regime legal, podemos definir o mandato de crédito como o contrato através do qual uma parte se vincula perante a (e por encargo da) outra a dar crédito a terceiro em nome próprio e por conta própria.

6. O primeiro dos elementos essenciais do contrato de mandato de crédito é a existência de um acordo contratual entre autor do encargo e encarregado que tenha como fito a concessão de crédito por parte do encarregado, crédito esse que deverá ser concedido por sua conta e risco, sendo que é mister que a proposta contratual do autor do encargo exprima a intenção de obrigar-se e que vise provocar uma resposta vinculante do encarregado. Este, por seu turno, deve obrigar-se de modo a conceder crédito ao terceiro através dos meios e formas impostos pelo autor do encargo.

7. O segundo dos elementos essenciais do mandato de crédito encontra o seu cerne na obrigação de o encarregado, em seu nome e por sua conta, celebrar um contrato de crédito com o terceiro, considerando-se concluído com a celebração do contrato de crédito com o terceiro, na estrita observância do comportamento devido pelo encarregado, comportamento esse que se encontra balizado pelo encargo conferido pelo autor do encargo.

8. O terceiro dos elementos essenciais do mandato de crédito consiste na concessão de crédito pelo encarregado em nome próprio e por conta própria, sendo que tal concessão de crédito apenas poderá incidir sobre bens pecuniários.

9. O mandato de crédito é um contrato bilateral, porém dá lugar a uma operação triangular, composta por (i) uma relação de cobertura (entre autor do encargo e encarregado), uma relação de execução (relação entre encarregado e terceiro) e (iii) uma relação fidejussória (entre terceiro e encarregado), sendo que esta última é eventual, dado que a responsabilidade como fiador do autor do encargo é um elemento natural do mandato de crédito e também porque, *a priori,* nada obsta a que o terceiro recuse a concessão do crédito.

10. O mandato de crédito pode cessar unilateralmente em virtude de revogação do autor do encargo em momento prévio à concessão do

crédito ou em virtude de denúncia do autor do encargo após à concessão do crédito. Em ambos os casos, o autor do encargo terá de indemnizar os prejuízos sofridos pelo encarregado, tratando-se de um caso de responsabilidade por factos lícitos.

11. De igual modo, o autor do encargo será obrigado a indemnizar nos casos em que, pela sua actuação, levar a crer que não fará cessar o mandato de crédito. Nestes casos, caso haja lugar a revogação, esta será abusiva, pelo que haverá lugar a obrigação de indemnização, tendo por base o instituto do abuso de direito.

12. Ao encarregado é concedida a faculdade de suspender a execução do mandato de crédito quando as condições patrimoniais do mandante ou do terceiro colocarem em perigo a possibilidade de o encarregado cumprir, sendo que tal faculdade não poderá ser utilizada nos casos em que o autor do encargo ou o terceiro lhe ofereçam garantias idóneas.

13. Para além das situações de revogação e de denúncia, o mandato de crédito também se extinguirá nos casos de decurso do tempo ou em que se tenha verificado uma condição resolutiva ou uma vez não verificada uma condição suspensiva.

14. O mandato de crédito não é um mandato *próprio sensu*, porquanto no mandato de crédito o encarregado age por sua conta, o que equivale a dizer que a sua actuação se repercutirá directamente no seu património.

15. O mandato de crédito também não é um negócio de carácter fidejussório, dado que a responsabilidade como fiador do autor do encargo é um mero elemento natural do mandato de crédito. Adicionalmente, essa obrigação fidejussória pode auxiliar na caracterização do contrato, mas não domina a função que este prossegue.

16. De igual modo, não colhem os argumentos que defendem que o mandato de crédito é um negócio misto em que a par da obrigação fidejussória que impende sobre o autor do encargo coexiste um mandato para conceder crédito. Trata-se de uma teorização que oferece os flancos às críticas acabadas de referir pelo que também não procede.

17. O mandato de crédito também não pode ser explicado através do recurso à figura do contrato a favor de terceiro, uma vez que, apesar de o encarregado assumir perante o autor do encargo a obrigação de conceder crédito a terceiro, da conclusão do mandato de crédito não decorre para este a atribuição do direito de exigir a realização da prestação.

18. Deste modo, conclui-se que o mandato de crédito é uma figura *a se stante*. Trata-se de um complexo obrigacional uno e harmónico, que tem o seu cerne e a sua causa (*scilicet,* origem) no interesse do autor do encargo. Trata-se, pois, de um negócio típico que recolhe elementos do mandato e da fiança, o que permite recorrer ao seu regime em tudo o que não esteja especificamente regulado.

BIBLIOGRAFIA

ABBADESSA, PIETRO – *Obligo di far credito* in ED, tomo XXIX, Milão: Giuffrè, 1980, p. 529-538.

ALCARO, FRANCESCO – *Promessa del fatto del terzo* in ED, tomo XXXVII, Milão: Giuffrè, 1988, pp. 70-85.

ALEXY, ROBERT – *Teoría de los Derechos Fundamentales* (tradução de *Theorie der Grundrechte*, 1986, por ERNESTO GARZÓN VALDÈS) (reimp.), Madrid, Centro de Estudios Políticos e Constitucionales, 2002.

ALBALADEJO, MANUEL – *Curso de Derecho Civil Español – II Derecho de Obligaciones,* 3.ª ed., Barcelona: Bosh, 1984.

ARANGIO-RUIZ, VINCENZO – *Il mandato in diritto romano* (reimp.), Milão: Giuffrè, 1965.

ARANGIO-RUIZ, VINCENZO – *Istituzioni di Diritto Romano*, 14.ª ed., Nápoles: Eugénio Jovene, 1998.

ARCOS VIEIRA, MARIA LUÍSA – *El mandato de crédito*, Pamplona: Editorial Aranzadí, 1996.

BECCARIA, CESARE – *Dos delitos e das Penas* (trad. de *Dei delitti e delle Pene* por JOSÉ DE FARIA COSTA), Fundação Calouste Gulbenkian, 1998.

BELVEDERE, ANDREA – *Il problema delle definizione nel Codice Civile*, Milão: Giuffrè, 1977.

BORTOLUCCI, G. – *Il mandato di credito* in *BIDR 27 (1914)*, pp. 129-191 e *BIDR 28 (1915)*, p. 191-260.

BRAGANTINI, LUIGI – *Il mandato di credito,* Milão: Giuffrè Editore, 1939.

BRANCO, MANUEL CASTELO – *A Garantia bancária autónoma no âmbito das garantias especiais das obrigações*, in ROA 53 (1993), pp. 61-83.

BÜLLOW, PETER – *Rech der Sicherheiten – Sachen und Rechte, Personen,* 6.ª ed., Heidelberga: C. F. Müller Verlag, 2003.

CAMPOGRANDE, VALERIO – *Tratatto della fideiussone nel diritto odierno*, Turim: Fratelli Boca Editore, 1902.

CAMPOS, DIOGO LEITE DE – *Contrato a favor de terceiro,* 2.ª ed., Coimbra: Livraria Almedina, 1991.

CARRASCO PEREIRA, ÁNGEL / CORDERO LOBATO, ENCARNA / MARÍN LÓPEZ, MANUEL JESUS – *Tratado de los Derechos de Garantía*, Navarra: Editorial Aranzadi, 2002.

CASTAN TOBEÑAS, JOSÉ – *Derecho Civil Español, Comum y Foral (revisada y puesta al dia por JOSÉ FERRANDIS VILELLA)* 14.ª ed., tomo IV, Madrid: Réus, S.A., 1977.

CORDEIRO, ANTÓNIO MANUEL DA ROCHA E MENEZES – *Das cartas de conforto no Direito Bancário*, Lisboa: Lex, 1993.

CORDEIRO, ANTÓNIO MANUEL DA ROCHA E MENEZES – *Da boa fé no direito civil* (reimp.), Coimbra: Livraria Almedina, 2001.

CORTEZ, FRANCISCO – *A Garantia Bancária Autónoma – alguns problemas* in ROA 52 (1992), pp. 513-610.

COSTA, MÁRIO JÚLIO ALMEIDA *Direito das Obrigações,* 9.ª ed., Coimbra: Livraria Almedina, 2001.

CUNHA, PAULO, *Da Garantia das Obrigações* – (pelo aluno EUDORO PAMPLONA CORTE-REAL), Lisboa, 1938-1939, tomos I e II.

D'AMELIO – *Anotação ao art. 1958* in *Commentario al Códice Civile, diretto da D'AMELIO e FINZI – Obbligazioni II*, Florença, 1949.

DUARTE, RUI PINTO – *Tipicidade e atipicidade dos contratos*, Coimbra: Livraria Almedina, 2000.

DWORKIN, RONALD – *Taking rights seriously,* 2.ª ed., Londres, Duckworth Books, 1982.

ENNECCERUS, LUDWIG/LEHMANN, MICHAEL – *Recht der Schuldverhältnisse – ein Lehrbuch*, 15.ª ed., Tubinga: J.C.B. Mohr (Paul Siebeck), 1958.

FERNANDES, LUÍS CARVALHO – *A conversão dos negócios jurídicos civis*, Lisboa: Quid Juris, 1993.

FERRERO, GIOVANNA/BENATTI, FRANCESCO – *Mandato di credito* in Paolo Cendon (diretto da) – *Commentario al Codice Civile,* Turim: UTET, pp. 1768-1772.

FIGONE, ALBERTO – *Mandato di credito* in DIGESTO, tomo XI, Turim: Unione Tipografico-Editrice Torinese, 1994, pp. 185-190.

FRADA, MANUEL ANTÓNIO DE CASTRO PORTUGAL CARNEIRO DA – *Teoria da Confiança e Responsabilidade civil,* Coimbra: Livraria Almedina, 2004.

FRAGALI, MICHELE – *Osservazioni sula causa del mandato di credito* in *Studi in onore di Ernesto Eula*, Milão: Giuffrè, tomo II, 1957, pp. 23-41.

FRAGALI, MICHELE – *Fideiussione – Mandato di credito* in *Commentario del Códice Civile a cura di António Scialoja e Giuseppe Branca,* Bolonha: Nichola Zanichelli Editore, 1964.

FRAGALI, MICHELE – *Garanzia* in ED, tomo XVIII, Milão: Giuffrè Editore, pp. 446-466.

FREZZA, PAOLO – *Le garanzie delle obbligazionni – Corso di Diritto Romano, Vol. I. Le Garanzie Personali,* Pádua: CEDAM, 1962.

GIUSTI, ALBERTO – *La fideiussione e il mandato di credito,* Milão: Giuffrè Editore, 1998.

GOMES, MANUEL JANUÁRIO DA COSTA – *Em tema de revogação do mandato civil,* Coimbra: Livraria Almedina, 1989.

GOMES, MANUEL JANUÁRIO DA COSTA – *Contrato de mandato* in MENEZES CORDEIRO (coordenação), *Direito das Obrigações,* 3.º vol., Lisboa: AAFDL, pp. 263-408.

GOMES, MANUEL JANUÁRIO DA COSTA – *Assunção fidejussória de dívida – Sobre o sentido e âmbito da vinculação como fiador,* Coimbra: Livraria Almedina, 2000.

GONÇALVES, LUIZ DA CUNHA – *Tratado de Direito Civil Português*, tomo V, Coimbra: Coimbra Editora: 1932.

GRAZIANI, ALESSANDRO – *Mandato di credito,* Roma: Societá Editrice "Athenaeum", 1937.

GUHL, THEO – *Das Schweizerische Obligationrecht mit Einschluss des Handels– und Wertpapierrechts,* Zurique: Schultess Polygraphischer Verlag.

HABERSACK, MATHIAS – *Anotação ao § 778 BGB* in *MÜNCHENER,* 3.ª ed., Munique: C.H. Beck'sche Verlagsbuchhandlung, 1997, Band 5, pp. 958-961.

HENRIQUES, PAULO ALBERTO VIDEIRA – *A desvinculação unilateral* ad nutum *nos contratos civis de sociedade e de mandato,* Coimbra: Coimbra Editora, 2001.

HOFFSTETTER, JOSEF – *Der auftrag und die geschäftsführung ohne Auftrag* in VISCHER (HRSG) – *Schweizerisches Privatrecht, VII, Obligationenrecht Besondere Vertragsverhältnisse*, 2, Basileia-Estugarda: Helbing & Lichtenhann, 1979, pp. 1-219.

HORN, NORBERT – *Anotação ao 778§ BGB* in *STAUNDINGER*, 12.ª ed., Berlin, Walter de Gruyter & Co., 1986, pp. 462-465.

JARDIM, MÓNICA – *A garantia autónoma*, Coimbra: Livraria Almedina, 2002.

JUSTO, A. SANTOS – *Direito Privado Romano II (Direito das Obrigações),* Coimbra: Coimbra Editora, 2003.

LARENZ, KARL – *Metodologia da Ciência do Direito*, 3.ª ed., (tradução de *Methodenlehre der Rechtswissenschaft*[6] por JOSÉ LAMEGO), Lisboa. Fundação Calouste Gulbenkian, 1997.

LARENZ, KARL/CANARIS, CLAUS-WILHELM – *Lehrbuch des Schuldrechts,* 13.ª ed., tomo II/2, Munique: C.H. Beck'sche Verlagsbuchhandlung, 1994.

LEGEAIS, DOMINIQUE – *Sûretés et Garanties du Crédit*, 4.ª ed., Paris: LGDJ, 2004.

LEITÃO, ADELAIDE MENEZES – *«Revogação unilateral» do mandato, pós--eficácia e responsabilidade pela confiança* in AAVV, *Estudos em Homenagem ao Professor Doutor Inocêncio Galvão Telles*, Coimbra: Coimbra Editora, vol. I, p. 305-346.

LEITÃO, LUÍS MENEZES – *Direito das obrigações,* vol. II *Transmissão e extinção das obrigações. Não cumprimento e garantias do crédito,* 3.ª ed., Coimbra: Livraria Almedina, 2005.

LEITÃO, LUÍS MENEZES – *Direito das obrigações,* vol. III *Contratos em especial*, 3.ª ed., Coimbra: Livraria Almedina, 2005

LEITÃO, LUÍS MENEZES – *Garantias das Obrigações,* Coimbra: Livraria Almedina, 2006.

LÉON ALONSO, JOSÉ – *El mandato de crédito,* in RDP, 1982, pp. 1075--1114.

LIMA, FERNANDO ANDRADE PIRES DE /VARELA, JOÃO DE MATOS ANTUNES – *Código Civil Anotado*, 4.ª ed., vol. I., Coimbra: Coimbra Editora.

LOPES, HUMBERTO – *Observações sobre o anteprojecto do Direito das Obrigações,* in *Jornal do Foro,* n.º 25 (1961), pp. 70 a 107.

LUMINOSO, ANGELO – *Mandato, Commissione, spedizione,* Milão: Giuffrè, 1984.

LWOWSKI, HANS JÜRGEN/MERKEL, HELMUT – *Kreditsicherheiten – Gründzuge für die Praxis,* 8.ª ed., Berlin: Erich Schmidt Verlag, 2003.

MARCO, MASSIMO DE/SPARANO, ERNESTO – *La fideiussione bancaria*[2], Milão: Giuffrè, 1981.

MARTINEZ, PEDRO ROMANO, PONTE, PEDRO FUZETA DA – *Garantias de Cumprimento,* 4.ª ed., Coimbra: Livraria Almedina, 2003.

MAZZONI, ALBERTO – *Lettere di patronage, mandato di credito e promessa del fatto del terzo* in BancaBT, Ano XLVII (1984), Parte Seconda, pp. 333-383 (p. 344).

MAZZONI, ALBERTO – *Le lettere di patronage*, Milão: Giuffrè, 1986.

MEDICUS, DIETER – *Schuldrecht II – Besonderer Teil,* 13.ª ed., Munique: Verlag C. H. Beck, 2006.

MONIER, RAIMOND – *Manuel Élémentaire de Droit Roman, Tome 2 – Les obligations,* Aalen: Scientia Verlag (reimp.), 1970.

MONTEIRO, PINTO /GOMES, JÚLIO – *Sobre as cartas de conforto na concessão de crédito* in AAVV, *Ab Uno ad Omnes – 75 anos da Coimbra Editora,* Coimbra: Coimbra Editora, 1998 pp. 413-467.

MÜHL, OTTO – *Anotação ao § 778 BGB* in OTTO MÜHL, *Bürgerliches Gesetzbuch mit Einführunggsgesetz und Nebengesetzen,* Estugarda--Berlim-Colónia-Mainz: Verlag W. Kohlhamer, 1985, vol. IV, pp. 358-360.

NORONHA, ANDRÉ NAVARRO DE – *As cartas de conforto,* Coimbra: Coimbra Editora, 2005.

PROENÇA, JOSÉ CARLOS RANDÃO – *A resolução do contrato no Direito Civil – Do enquadramento e do regime,* Coimbra: Coimbra Editora, 2006 (reimp. da ed. 1982).

PROVERA, GIUSEPPE – *Mandato (storia)* in ED, tomo XXV, 1975, Milão: Giuffrè Editore, pp. 311-321.

PUIG BRUTAU, JOSÉ – *Fundamentos de Derecho Civil,* 2.ª ed., tomo II, vol. II – *Contractos en particular,* Barcelona, Bosh, 1982.

REINICKE, DITERCIH; TIEDTKE, KLAUS – *Kreditsicherung,* 4.ª ed., Neuwied und Kriftel: Luchterhand, 2000.

REINICKE, DITERCIH; TIEDTKE, KLAUS – *Bürhschaftsrecht,* 2.ª ed., Neuwied und Kriftel: Luchterhand, 2000.

ROMANO, ANDREA – *Garanzie dell'obbligazione nel diritto medievale e moderno* in DIGESTO, tomo VIII, Turim: Unione Tipografico--Editrice Torinese, 1992, pp. 621-632.

SCHLECHTRIEM, PETER – *Schuldrecht Besonderer Teil,* Tubinga: J.C.B. Mohr (Paul Siebeck), 1987.

SERRA, ADRIANO PAES DA SILVA VAZ – *Fiança e Figuras Análogas* in BMJ, n.º 71 (Dezembro de 1957), pp. 19-330.

SILVA, JOÃO CALVÃO DA – *Mandato de Crédito e Carta de Conforto* in AAVV, *Estudos em Homenagem ao Professor Doutor Inocêncio Galvão Telles,* vol. II Coimbra: Livraria Almedina, pp. 245-264.

SILVA, JOÃO CALVÃO DA – *Garantias acessórias e garantias autónomas* in *Estudos de Direito Comercial (Pareceres),* Coimbra: Livraria Almedina, 1996, pp. 331-361.

SILVA, JOÃO CALVÃO DA – *Cartas de conforto,* in *Estudos de Direito Comercial (pareceres),* Coimbra: Almedina, 1996, pp. 363-394.

SILVA, JOÃO CALVÃO DA – *Cumprimento e sanção pecuniária compulsória,* 6.ª ed., Coimbra: Livraria Almedina, 2002.

SIMONETTO, ERNESTO – *Mandato di credito* in NssDI, tomo X, Turim: Unione Tipografico-Editrice Torinese, 1964 pp. 149-168.

STOLL, HANS – *Vertrauensschutz bei einseitigen Leistungversprechen* in AAVV, *FS für Werner Flume zum 70. Geburstag*, Colónia: Verlag Dr. Otto Schmidt KG, 1978, pp.741-773.

TELLES, INOCÊNCIO GALVÃO – *Garantia Bancária Autónoma* in *O Direito,* Ano 120, 1988 (Julho-Dezembro), pp. 275-293.

TELLES, INOCÊNCIO GALVÃO – *Manual dos contratos em geral,* 4.ª ed., Coimbra: Coimbra Editora, 2002.

TORRES PARRA, MARIA JOSÉ – *El mandato de crédito como garantia personal,* Madrid: Editorial Dyckinson, 1998.

VARELA, JOÃO DE MATOS ANTUNES – *Das Obrigações em geral*, 10.ª ed., vol. I, Coimbra: Livraria Almedina, 2000.

VARELA, JOÃO DE MATOS ANTUNES – *Das Obrigações em Geral*, 7.ª ed., vol. II, Coimbra, Livraria Almedina, 1997.

VASCONCELOS, PEDRO PAIS DE – *Contratos atípicos,* Coimbra: Livraria Almedina, 2002 (reimp. da ed. de 1995).

Outros documentos

Haftung des Architekten aus Kreditauftrag, OLG Frankfurt, Urt. V. 5.7.1967 – 11 u 94/66 in NJW 1967, pp. 2360-2362.

ÍNDICE